江苏省社会科学基金青年项目（18EYC002）
江苏省高校哲学社会科学基金项目（2018SJA0149）
南京信息工程大学人才引进科研启动基金项目（2018r083）
国家自然科学基金青年基金项目（71803076）

中国货币政策工具规则问题研究

王利辉　著

中国金融出版社

责任编辑：肖丽敏
责任校对：李俊英
责任印制：程　颖

图书在版编目（CIP）数据

中国货币政策工具规则问题研究/王利辉著. —北京：中国金融出版社，2020.4

ISBN 978 - 7 - 5220 - 0532 - 4

Ⅰ.①中…　Ⅱ.①王…　Ⅲ.①货币政策工具—研究—中国　Ⅳ.①F822.0

中国版本图书馆 CIP 数据核字（2020）第 038832 号

中国货币政策工具规则问题研究

Zhongguo Huobi Zhengce Gongju Guize Wenti Yanjiu

出版
发行　**中国金融出版社**

社址　北京市丰台区益泽路 2 号
市场开发部　（010）66024766，63805472，63439533（传真）
网 上 书 店　http://www.chinafph.com
　　　　　　（010）66024766，63372837（传真）
读者服务部　（010）66070833，62568380
邮编　100071
经销　新华书店
印刷　保利达印务有限公司
尺寸　169 毫米 ×239 毫米
印张　12
字数　210 千
版次　2020 年 4 月第 1 版
印次　2020 年 4 月第 1 次印刷
定价　39.00 元
ISBN 978 - 7 - 5220 - 0532 - 4
如出现印装错误本社负责调换　联系电话（010）63263947

序

（一）

货币政策登上历史舞台发挥调控作用始于 20 世纪 30 年代的大危机。凯恩斯革命开创了国家干预的先河，也是宏观经济学和货币政策理论的源头，由此，研究货币政策绕不开凯恩斯及其划时代的革命性巨著《就业利息和货币通论》（以下简称《通论》）。

《通论》出版后，随之誉满全球，当然也伴有批评的声浪。阐释研究《通论》的论著如恒河之沙数不尽数，其中较有影响的著作主要是克莱因的《凯恩斯的革命》（1950）、阿尔文·汉森（A·H Hansen）的《凯恩斯学说指南》（1953）、狄拉德的《凯恩斯经济学：货币经济理论》（1955）和明斯基的《凯恩斯〈通论〉新释》等。

克莱因认为，凯恩斯和马克思都把经济体系作为一个总体看待，都使用总体分析方法："大体上我们可以说马克思分析了资本主义体系没有也不能适当地发挥它的功能的理由，而凯恩斯则分析了为什么资本主义体系没有但是能够适当地发挥它的功能的理由……两位作者都把经济体系作为一个总体看待，没有纠缠在细微的、静态的、无法澄清的混淆之中，但马克思和凯恩斯的方法论在很多重要方面都大不相同。凯恩斯的分析常常是极端古典的，而马克思则是非常非正统的。"[①] 阿尔文·汉森高度赞赏 "《通论》第三章（有效需求原则——引者注）是凯恩斯这本划时代著作中极重要的部分"[②]；"凯恩斯把这些问题放在他的题为《长期预期状态》的卓越的第十二章中加以讨论"[③]；狄拉

---

① （美）克莱因. 凯恩斯的革命 [M]. 薛蕃康译，北京：商务印书馆，1962：130.
② （美）汉森. 凯恩斯学说指南 [M]. 徐宗士译，北京：商务印书馆，1963：30.
③ （美）汉森. 凯恩斯学说指南 [M]. 徐宗士译，北京：商务印书馆，1963：110.

德认为，凯恩斯是 20 世纪最伟大的经济思想家，"他超越所有人之上，是新经济学（即宏观经济学——引者注）的主要创始人。"① 明斯基认为，"凯恩斯在《通论》中的分析放弃了货币中性的观点。与货币数量论的观点相反，凯恩斯的理论说明了真实变量实际上依赖于货币和金融变量"。② 萨缪尔森对凯恩斯经济学推崇备至，颇为自负地声称："经济科学已经知道如何使用货币和财政政策来使衰退不致滚雪球式地变成一次持续而长期的不景气。如果马克思主义者等待资本主义在最后一次危机中崩溃，那么，他们是白等了。我们已经吃了智慧之果，不管怎么样，不会回到自由放任的资本主义制度"。③ 在萨缪尔森和诺德豪斯共同撰著的《经济学》教科书中，他们更意气风发地指出："凯恩斯革命早期，一些宏观经济学家对于货币政策的有效性充满疑虑，正如他们对新发现的财政政策充满信心一样。但是最近 20 年来，联邦储备体系发挥了更加积极的作用，并显示出自己有能力减缓或加速经济发展"。④ 他们进一步指出："目前，货币主义和凯恩斯主义都趋向于相信，美国的稳定政策应该主要通过货币政策实施"。⑤

　　笔者非常赞赏明斯基的观点，凯恩斯放弃了货币数量论的货币中性观点。坚持货币非中性、货币供给外生性，这才是凯恩斯革命的内核。

　　借鉴地球结构理论⑥，可以清晰地分析《通论》的内在逻辑结构。在凯恩斯《通论》异常繁复、晦涩难懂的理论体系中，货币非中性原理和货币供给外生性原理是作为其核心基础的"地核"部分；有效需求原理等是"地幔"部分；作为实现政府干预手段的财政政策和货币政策，构成凯恩斯《通论》革命性思想最表层的"地壳"部分。

---

　　① （美）狄拉德．凯恩斯经济学：货币经济理论［M］．陈彪如译，上海：上海人民出版社，1963：2．

　　② （美）海曼·P·明斯基．凯恩斯《通论》新释［M］．张慧卉译，北京：清华大学出版社，1963：2．

　　③ （美）萨缪尔森：经济学（上册）［M］．高鸿业译，北京：商务印书馆，198：375．

　　④ （美）萨缪尔森，诺德豪斯．经济学［M］．萧琛等译，北京：华夏出版社，1999：529．

　　⑤ （美）萨缪尔森，诺德豪斯．经济学［M］．萧琛等译，北京：华夏出版社，1999：508．

　　⑥ 地球结构理论认为，地球的物质构成由地核、地幔、地壳三部分构成。地核部分处于地球的最深层，占地球总体积的16%，地幔处于地球的中间层，占地球总体积的83%，而与人们关系最密切的地壳部分处于地球的最表层，仅占地球总体积的1%

事实上，《通论》的"地核"部分最基础但相对简约，《通论》的"地幔"部分内容庞大而复杂，《通论》中"地壳"理论部分相对简单而明快。对于凯恩斯革命当中的"地幔"部分，汉森、熊彼特、狄拉德、高鸿业、胡寄窗等中外著名经济学家给予了清晰的描绘；凯恩斯革命当中的"地壳"部分，世界各国政府都有比较清晰的认识，并已转化为成功或不成功的政策实践；而对深藏于或潜藏于凯恩斯革命最深层或最底层的"地核"部分，国内外经济学界或许并没有清晰的认识。

需要强调说明的是，只有"地幔"和"地壳"而没有"地核"的地球，就只能是"空心球"。同理，只有"地幔"和"地壳"而没有"地核"部分的凯恩斯革命算不上真正的凯恩斯革命。至少，没有"地核"部分的凯恩斯革命不完整。正是凯恩斯把"没有货币的"经济学改造为"有货币的"经济学。理由很简单，没有"地核"的原理部分，凯恩斯革命就没有发挥调控作用的支点，作为"地壳"部分的财政政策与货币政策就只能是空中楼阁。至于处于中间环节的凯恩斯革命的"地幔"部分，它只有"解释功能"却没有"政策功能"。

凯恩斯革命以后宏观经济学的发展，全球经济学界流行的观点是 IS－LM 曲线和菲利普斯曲线。笔者认为，IS－LM 曲线只有演进到总供求曲线才符合凯恩斯理论的精神；菲利普斯曲线是古典学派曲线。无论菲利普斯本人"失业—工资"的原始菲利普斯曲线，还是萨缪尔森和索罗修改、命名的"失业—物价"的标准菲利普斯曲线，都与凯恩斯《通论》的精神相去遥远。根据凯恩斯的有效需求原理，影响就业的因素是消费倾向和投资引诱，根本不是什么工资和物价。诚然，凯恩斯《通论》出版于 1936 年，原始菲利普斯曲线提出于 1948 年，标准菲利普斯曲线提出于 1960 年，但不能因为时间原因将菲利普斯曲线当作凯恩斯《通论》的发展，否则就会犯萨缪尔森所说的"在此以后"谬误。

在我看来，凯恩斯主义理论的真正发展主要体现在四个方面：（1）阿尔文·汉森的补偿性财政政策和货币政策有效性的非对称性原理；（2）米尔顿·弗里德曼对凯恩斯货币非中性原理的具体化（货币短期非中性和长期中性）以及对货币政策超越财政政策的重视；（3）明斯基在凯恩斯《通论》投资不稳定基础上发展出的"金融不稳定性假说";（4）辜朝明在凯恩斯《通论》"流动性偏好"理论基础上提出的"资产负债表衰退"和"最后借款人"理论。

（二）

凯恩斯革命走过了 70 多年的历程，其间有过 30 年"凯恩斯时代"的辉煌，有过面临"滞胀"的解释力的下降，更有过里根—撒切尔夫人时代美英政府改弦易辙（由凯恩斯主义转向货币主义）的退潮和凄凉。但是，经济学潮流潮起潮落，1997 年的东南亚金融危机、2008 年以来的全球金融危机又一次将凯恩斯主义推向了全球经济学舞台的中央。全球中央银行不断推出量化宽松政策，刺激有效需求，零利率已经使价格型货币政策工具走向崩溃，其他数量型货币政策工具更是层出不穷，令人眼花缭乱，但效果不彰。在此背景下，王利辉博士的《中国货币政策工具规则问题研究》的公开出版，适当其时，具有重要的理论价值和现实意义。该学术专著有价值的研究工作体现在下列方面：

第一，明晰了货币政策工具规则发挥作用的理论前提，认为货币非中性与货币供给的内外共生性是货币政策工具规则得以发挥作用的理论依据。这种看法是完全正确的。如果货币是中性的，仅影响物价而不影响实际经济变量如消费、投资、产出、就业等，全球中央银行不断推出量化宽松政策，刺激有效需求的作用何在呢？如果货币供给是纯粹内生的，仅由经济体系自身决定，那么中央银行又如何能够有效控制货币供给并借以熨平经济周期、稳定经济发展呢？古典学派的货币中性论从亚当·斯密到马歇尔沿袭了整整 160 年，曾经被当作经济学的真理，直到凯恩斯《通论》才完成了货币中性论到非中性论的转变。创新之难，也不是一般庸俗的人们所能理解的。

第二，富有逻辑地论证了货币政策工具规则的优越性，归纳了中国货币政策调控历程的 7 次转变，分析了中国货币政策调控工具存在的主要问题：（1）货币政策操作方向改变频繁，过于注重相机抉择；（2）流动性波动幅度大，对宏观经济冲击明显；（3）利率调控空间越来越窄，很容易陷入"流动性陷阱"难以自拔。这三个方面的问题分析是实事求是，符合客观实际的。

第三，构建了合理反映中国货币政策操作的工具规则，量化得出相关的反应系数；从保持宏观经济稳定运行和社会福利角度出发，提出了利率规则的调控绩效优于基础货币规则的实证依据。虽然对货币政策工具的量化分析结论未必完全准确，但这种努力符合经济学发展的数量化方向，是值得称道的。

基于这三个方面的探索，得出中国货币政策调控须完成从相机抉择到工具规则的转变，则完全符合提高金融治理能力现代化的时代需求。

（三）

经济运行是川流不息的过程，经济问题总是变动不居、层出不穷的。不同的国家、同一国家不同的历史时期都有自己所面临的经济问题；经济学理论和研究方法却是相对稳定的。每一代经济学家都用相同或有所改进的方法，在已有理论基础之上，研究自己所处时代的新问题或老问题的新的发展形式。萨缪尔森曾经明确指出："既没有一种共和党人的经济理论，也没有一种民主党人的经济理论；既没有一种工人的经济理论，也没有一种雇主的经济理论；既没有一种俄国人的经济理论，也没有一种中国人的经济理论。在许多有关价格和就业的基本原理上，大多数——并非全部——经济学者的意见是相当接近于一致的"。[①] 由此，经济学理论本身无所谓"西方""东方"，也没有与"西方经济学"相对应的"东方经济学"以及"南方经济学""北方经济学"。"研究对象"和"研究方法"的相同性或相似性决定了人类只有一套经济学理论。至于经济学理论的具体应用，不同的国家、同一国家不同的历史时期则完全可以有所区别。换句话说，经济学理论必须讲"国际性""普遍性""统一性"，经济政策倒可以因地制宜、因时制宜地讲"国别性""特殊性""差别性"。

基于对经济学科学特征的认识，我希望王利辉博士"一手伸向传统，一手伸向生活"。熟读经典，面向现实，将教书育人和学术研究作为终身职志，踏踏实实从事货币理论和货币政策研究。理论上，可进一步深入研究货币政策发挥调控作用的经济社会约束条件，打通货币理论与货币政策的隔墙；实践

---

① （美）萨缪尔森. 经济学（上册）［M］. 高鸿业译，北京：商务印书馆，1980：11.

上，要密切观察货币政策调控对象即经济运行的演变。① 逐步拓展研究领域，百尺竿头更进一步，取得更大的学术成就。王利辉博士为人敦厚、踏实勤奋、学术背景优秀，我衷心期盼也完全相信，他能在今后的学习工作中不断进取，获得更大成就。

值此王利辉博士《中国货币政策工具规则问题研究》公开出版之际，我借题发挥，写了以上的话。

是为序。

崔建军

西安交通大学 教授 博士生导师

全国金融专业学位研究生教育指导委员会 委员

2020. 3. 30

---

① 例如，当前国际社会面临始未预料的"黑天鹅事件"——新冠肺炎，它对人类经济社会的影响非常深远。就眼前看，它严重影响了人类社会的消费、投资、国际贸易等；就长远看，它会进一步强化已有的民族主义、孤立主义，甚至会终止全球化进程进而改变国际经济秩序和国际社会格局也未可知。对此，货币政策应该有何作为？这是人类经济学面临的崭新问题。

前　言

2013 年以来，中国经济告别两位数高增长模式，下行压力不断增大，宏观经济中"区域、产业、收入"三重结构失衡并存，经济结构调整与增速下调已成为中国经济的"新常态"，原有货币政策调控带来的产能过剩、资产泡沫和地方债务等问题逐渐暴露，迫切需要在理论与经验层面上重新审视现有货币政策操作的不足及未来选择，为我国货币政策的制定与执行提供有价值的科学依据。

本书以货币非中性和货币供给内外共生性为理论前提，依据动态不一致性理论，选取货币政策工具规则中的利率规则和基础货币规则，以稳健性原则和中央银行损失函数最小化为基准，围绕并回答了中国货币政策操作的五个问题：工具规则能否适合现阶段中央银行的货币政策操作？如果适合，何种形式的货币政策工具规则可能是中国面临的次优选择？面对不同冲击时，何种货币政策工具规则能更有效地熨平经济周期、减缓经济波动？如果不适合，理由何在？未来中国货币政策操作应怎样进行优化改进？本书主要内容可以概括为三大部分：第一部分构建了货币政策工具规则的研究框架，提供了工具规则优于相机抉择的理论依据；第二部分从经验层面上系统回顾了中国货币政策操作实践及存在问题、检验了中国货币政策工具规则反应函数及其调控绩效；第三部分是在第一、第二部分的基础上，就如何改进中国货币政策操作提出相应的政策建议。本书的创新点：

第一，明晰了货币政策工具规则发挥作用的理论前提和依据，发现了中国货币政策操作过程中存在的主要问题。货币非中性与货币供给的内外共生性是货币政策工具规则得以发挥作用的理论前提，通过采用附加预期的菲利普斯曲线，从最优均衡角度和通货膨胀偏差角度出发，分别探讨了工具规则与相机抉择型货币政策的优劣，发现中央银行如果执行相机抉择型货币政策，更可能出现短视行为，易导致货币政策的时间非一致性，而如果执行工具规则，不仅可以有效解决通货膨胀偏差问题，而且可以比相机抉择型货币政策减少福利损失，即工具规则优于相机抉择。同时，回顾中国货币政策操作历程，发现其经历了 7 次转变，分别是：1984—1991 年紧缩性货币政策、1992—1997 年适度紧缩性货币政策、1998—2002 年宽松性货币政策、2003—2007 年适度紧缩性货币政策、2008 年 9 月至 2010 年 9 月适度宽松性货币政策、2010 年 10 月至 2011 年 10 月中性偏紧的稳健货币政策、2011 年 11 月至今中性偏松的稳健货币政策。存在的主要问题：（1）货币政策操作方向改变频繁，过于注重相机抉择；（2）流动性波动幅度大，对宏观经济冲击明显；（3）利率调控空间越来越窄，如果再低，很容易陷入"流动性陷阱"难以自拔。

第二，构建了合理反映中国货币政策操作的工具规则，量化得出相关的反应系数。为了较准确地反映出货币政策操作对中国现实经济状况的真实反应，在构建利率规则和基础货币规则函数时，分别进行了修正与扩展，通过选取中国 1999—2018 年的数据为样本，对反应函数中待估计参数进行处理，结果表明：引入平滑因子的前瞻性利率规则适合我国货币政策操作，其利率平滑参数是 0.8922，短期名义利率对通货膨胀缺口、产出缺口和汇率缺口的调整参数估计值分别是 1.7363、0.2734 和 −1.4402；加入外汇储备因素的，包含产出缺口、通货膨胀缺口和汇率缺口的多目标基础货币规则模型能合理地反映我国货币政策操作走向，其基础货币增长率对外汇储备增长率、通货膨胀缺口、产出缺口和汇率缺口的反应系数分别为 0.1218、−0.7599、−0.0735 和 −0.6928。以上规则反应系数均在 1% 和 5% 的水平表示显著。

第三，从保持宏观经济稳定运行和社会福利角度出发，提供了利率规则的调控绩效优于基础货币规则的实证依据。引入预期、工资价格黏性、技术冲击和外生消费习惯等因素，构建由居民、中间产品厂商、最终产品厂商、政府和中央银行五部门组成的新凯恩斯主义动态随机一般均衡模型，结合现有研究成果与我国 1999 年第一季度至 2018 年第四季度共 80 期数据对模型参数进行校准修正，以脉冲响应函数为基础，分别从货币政策冲击，技术、消费与投资非货币政策冲击以及货币当局的社会福利损失函数三个方面，对引入平滑因子的前瞻性利率规则和加入外汇储备因素的、包含通货膨胀缺口、产出缺口和汇率缺口的多目标基础货币规则调控绩效进行比较分析。（1）面对 1 单位标准差正向货币政策冲击时，产出与通货膨胀对利率规则的动态响应程度高于基础货币规则，但响应时滞小于后者，如果宏观经济没有出现急扭转，则中央银行运用利率规则进行宏观调控比基础货币规则更有效。（2）当分别面对 1 单位标准差技术、消费和投资冲击时，利率规则调控下产出与通货膨胀整体能在较短时期内做出调整并趋于稳态水平。（3）通过对货币当局社会福利损失函数进行测度后发现，相对而言，利率规则进行宏观调控造成的社会福利损失低于基础货币规则。

中国货币政策操作须完成从相机抉择到工具规则的转变，侧重对利率规则的选择与使用，为更好地发挥货币政策对宏观经济的调控作用，首先，应深化利率市场化改革，改善利率期限结构，注重利率与汇率机制的协同配合，培养基准利率体系，完善巩固 Shibor 的基准利率地位，为向利率规则的过渡做好必要准备。其次，中央银行须加快主动调节工具的培育，加大公开市场操作力度，尽可能稳定货币乘数，提高基础货币作为操作变量的有效性。最后，应增强中央银行决策的独立性与责任，进一步提升货币政策操作透明度，稳定市场预期。同时大力发展中国金融市场，降低民营银行和外资银行的准入要求，健全金融机构退出机制，完善中央银行信息支持系统。

目　录

1 导论 ………………………………………………………………… 1

1.1 选题背景与研究意义 ………………………………………… 1

1.1.1 选题背景 ……………………………………………… 1

1.1.2 研究意义 ……………………………………………… 5

1.2 相关概念的界定 ……………………………………………… 6

1.2.1 工具规则与相机抉择 ………………………………… 6

1.2.2 利率规则与基础货币规则 …………………………… 6

1.3 结构框架与内容安排 ………………………………………… 7

1.4 研究方法 ……………………………………………………… 10

1.4.1 历史分析法与比较分析法 …………………………… 10

1.4.2 普通最小二乘法 ……………………………………… 11

1.4.3 广义矩估计法 ………………………………………… 11

1.4.4 动态随机一般均衡模型 ……………………………… 11

第一篇　基础篇

2 文献述评 ………………………………………………………… 15

2.1 国外研究 ……………………………………………………… 15

2.1.1 单一规则 ……………………………………………… 15

2.1.2 基础货币规则 ………………………………………… 17

2.1.3 利率规则 ……………………………………………… 20

2.2 国内研究 ……………………………………………………… 27

2.2.1 货币政策工具规则理论引入 ………………………… 27

2.2.2 货币政策工具规则统计检验 ………………………… 28

2.2.3 货币政策工具规则比较分析 ………………………… 31

2.3 研究述评 ·· 32

3 货币政策工具规则研究框架 ·································· 35

3.1 选择货币政策工具规则理由 ····························· 35

3.2 发现中国货币政策操作问题 ····························· 37

3.3 检验中国货币政策工具规则函数 ······················· 39

3.4 对比货币政策工具规则调控绩效 ······················· 40

3.4.1 稳健性原则 ··· 40

3.4.2 损失函数最小化原则 ································· 40

第二篇 理论篇

4 工具规则优于相机抉择的理论前提（Ⅰ）：货币非中性 ········ 45

4.1 货币性质的定义 ··· 45

4.2 货币性质的历史演进 ····································· 46

4.2.1 货币中性论 ··· 46

4.2.2 货币中性与货币非中性论 ····························· 48

4.2.3 货币非中性论 ··· 49

4.3 本章小结 ··· 56

5 工具规则优于相机抉择的理论前提（Ⅱ）：货币供给的内外共生性 ······ 57

5.1 货币供给内生性与外生性的定义 ······················· 57

5.2 货币供给的历史演进 ····································· 58

5.2.1 货币供给内生论 ······································· 58

5.2.2 货币供给外生论 ······································· 61

5.2.3 货币供给内外共生论 ································· 62

5.3 本章小结 ··· 63

6 工具规则优于相机抉择的理论分析 ·························· 65

6.1 理论依据 ··· 65

6.2 理论分析 ··· 66

6.2.1 最优均衡角度分析 ····································· 66

6.2.2 通货膨胀偏差角度分析 ································· 69

6.3 本章小结 ··· 72

第三篇　应用篇

7 中国货币政策实践与存在问题 ·· 77

7.1 中国货币政策实践 ·· 77

7.1.1 1984—1997 年中国货币政策实践 ························ 77

7.1.2 1998—2018 年中国货币政策实践 ························ 85

7.2 存在问题 ·· 96

7.2.1 操作方向改变过于频繁 ·· 96

7.2.2 流动性波动幅度加大 ·· 97

7.2.3 利率调控空间越来越窄 ·· 100

7.3 本章小结 ·· 103

8 中国货币政策工具规则的实证检验 ·· 105

8.1 中国利率规则的实证检验 ·· 105

8.1.1 模型构建 ·· 105

8.1.2 数据选取与处理 ·· 107

8.1.3 检验结果分析 ··· 111

8.2 中国基础货币规则的实证检验 ··· 115

8.2.1 模型构建 ·· 115

8.2.2 数据选取与处理 ·· 116

8.2.3 检验结果分析 ··· 120

8.3 本章小结 ·· 123

9 中国货币政策工具规则调控绩效检验 ······································ 125

9.1 假设前提 ·· 125

9.2 模型构建 ·· 126

9.3 参数校准估计 ·· 132

9.4 调控绩效检验 ·· 134

9.4.1 拟合分析 ·· 135

9.4.2 不同工具规则的冲击响应 ····································· 136

9.4.3 中央银行损失函数测度 ·· 142

9.5 本章小结 ·· 143

10　结论与研究展望 ·································· 144

10.1　主要结论 ······································ 144

10.2　主要创新点 ···································· 148

10.3　政策建议 ······································ 149

10.4　不足之处与研究展望 ···················· 155

参考文献 ··· 157

后　记 ·· 171

1 导　论

1.1　选题背景与研究意义

1.1.1　选题背景

1929—1933 年，首先爆发在美国的经济危机迅速席卷了整个资本主义世界。在此背景下，1936 年，Keynes 出版具有划时代意义的《就业、利息和货币通论》，重新构建了现代宏观经济学框架，Keynes 学派按照"逆经济风向行事"的货币政策操作原则，从政府干预宏观经济的"需求管理"出发，很快成为西方国家摆脱经济衰退的一剂良药，在很大程度上缓和了资本主义经济危机，减少了失业，促进了经济增长，给西方世界带来了长达 25 年之久的"繁荣"，但"廉价货币政策"导致的后果就是引发了 20 世纪五六十年代通货膨胀率的急剧上升，相机抉择思想在"滞胀"的环境下严重受挫，历史又进入了"百家争鸣"的时期。其中最具影响力的是以 Lucas 为代表的理性预期学派和以 Friedman 为代表人物的货币主义学派。

理性预期学派将货币政策划分为系统性货币政策与非系统性货币政策，前者是可以预期到的，具有规则性；后者则无法预料到，具有相机抉择性。Robert Lucas（1972，1975）、Thomas Sargent 和 Neil Wallce（1973）、Robert Barro（1977）、Frederic S. Mishkin（1982）等均认为并不是所有的货币政策变动均能够有效地影响经济，只有未预期到的货币政策变动才能够影响经济，从而开辟了货币政策成分划分的先河。然而，理性预期学派未能对货币政策制定与执行提供明确的操作框架，且具有一定的随意性，限制了其在实践领域中的应用空间。提倡"单一规则"的货币主义学派强调货币政策对经济增长的作用，认为"货币最重要"，相机抉择只能在短期内提高产量与就业水平，长期是无效的且会导致经济的不稳定，理由包括政策操作中的不确定因素、时间的滞后性以及决策当局对政治压力的屈从等，因此货币主义学派推崇"$k\%$的货币增长率规则"。但是，20世纪70年代美国实行的货币主义并未提供足够的证据证明规则型比相机抉择型更具系统性的优势。

直至 Kydland 和 Prescott（1977）[①] 首次提出"时间非一致性"理论[②]，再一次引发了新一轮的"相机抉择与规则"之争。Kydland 和 Prescott 将相机抉择定义为：在给定现有状态和对期末状态正确估计的前提下，所做出的最优选择。他们证明，政府在按照最优化原则制定经济政策时，在当时公众预期的基础上，往往会暗自通过提高通货膨胀率以增加名义产出，以此实现社会福利最优目标；然而作为"理性人"的公众主体，受到愚弄后会改变预期，工人会要求提高工资水平以保持实际收入不变，工资水平的提高会增加厂商的用工成本致使就业率下降，结果导致通货膨胀率上升和产出减少。由此可见，Kydland 和 Prescott 认为，相机抉择会导致时间上的不一致，最终结果是社会产出不会提高，但价格水平会上升，从而引发通货膨胀。随后 Barro 和 Gordon（1983）将这一概念引入对货币政策的研究，他们进一步指出，时间非一致性的存在导致政府当局初始的政策承诺是不可信的，对于货币政策而言，如果社会直接将货币政策委托给中央银行执行，在这种制度安排下，中央银行有执行意外的通货膨胀政策的激励，从而导致中央银行执行的货币政策有通货膨胀倾向。Barro 和 Gordon 的研究将"相机抉择与规则"之争推向了一个新的阶段，中央银行采用规则型货币政策得到的是"最优解"或者"承诺解"，而采用相机抉择型货币政策得到的是"不一致解"或者"欺骗解"，规则型货币政策表现出的优势类似于博弈论中合作解优于非合作解一样。中央银行仍然可以执行一种货币政策规则，即根据预先确定的信息变量的变化而做出反应，只要规则是可信的、透明的且易于操作，中央银行具有良好的声誉，通货膨胀偏差就可以完全避免，但就此并不能彻底肯定货币政策规则优于相机抉择。诚然，规则型货币政策可以稳定社会公众预期来降低或者消除通货膨胀惯性，提高货币政策的可信度，但规则型货币政策还不得不面对由凯恩斯思想的支持者们提出的

---

① 由于 Kydland 与 Prescott 对经济政策时间不一致性和真实商业周期理论所作的贡献，他们于2004年共同获得了诺贝尔经济学奖。

② 时间非一致是指，决策机构在 t 期按照最优化原则制定的 $t+n$ 期执行的政策，但这项政策在 $t+n$ 期并非最优选择。

规范性问题，即如果面临未预期到的产出波动、价格冲击和技术创新等，规则型货币政策明显缺乏相机抉择型货币政策所具备的灵活性特点。例如，20 世纪 80 年代，当面临由于美国股票市场崩溃而造成的流动性严重过剩，难以想象如果继续恪守规则型货币政策所带来的灾难性后果。

经济周期潮起潮落，经济政策乃至货币政策的核心任务之一就是如何尽最大可能地熨平经济周期、减缓经济波动。每当经济环境发生改变且原有政策不能解决出现的问题时，理论就会给相反的政策提供论证。鉴于"时间非一致性"的存在，相机抉择型货币政策并不能达到熨平经济周期的目的，相反容易加剧经济波动，甚至有时成为了导致经济波动的根源。但从逻辑角度观察，由于规则型货币政策缺乏灵活性，相机抉择总是优于规则，如果使用某种规则可以达到稳定经济的目的，那么相机抉择的货币政策也可以采用该规则，并且保留了在必要的时候放弃规则的权利。这样一来，近期争论的焦点产生了某种转变，双方讨论的见解体现了更多的包容性，并开始侧重于寻求如何同时兼顾灵活度与可信度，或者说寻找规则与相机抉择型货币政策的交集（Rogoff，1985；Canzoneri，1985；Lohmann，1992）。中央银行的货币政策调控开始由选择"相机抉择"或者"规则"原则性的划分，变更为是否应遵循"政策承诺"层面的区别（Mccallum & Nelson，1997）。

放眼国内，1984 年，我国二级银行体系建立，中国人民银行开始正式行使中央银行职能，中国货币政策操作规则一直处于不断探索的过程中。在1993 年金融体制改革前，中国货币政策操作具有浓厚的"相机抉择"的色彩，呈现"松—紧—松"的态势，导致经济运行总是处于"过冷"或"过热"的交替之中。1998 年受东南亚金融危机的影响，以取消对商业银行贷款规模的限制、改革存款准备金制度和扩大公开市场业务为标志，中国调控模式基本实现了由直接调控向间接调控的转型。

2008 年为应对美国次贷危机的冲击，中国政府出台了 4 万亿元投资计划，中央银行经过数次密集降息与降低存款准备金，一年期存款、贷款利率分别降至 2.25% 和 5.10%，大、中小型金融机构存款准备金率分别调整为 15.5% 和 13.5%。然而在全球主要国家均降低广义货币在国民经济中的比重时，宽松性货币政策仍使我国货币化率居高不下，总体来看，呈稳定上升趋势，2016 年达到了 2.083 的历史峰值（见图 1 – 1），这导致了超额流动性并诱发通货膨胀。

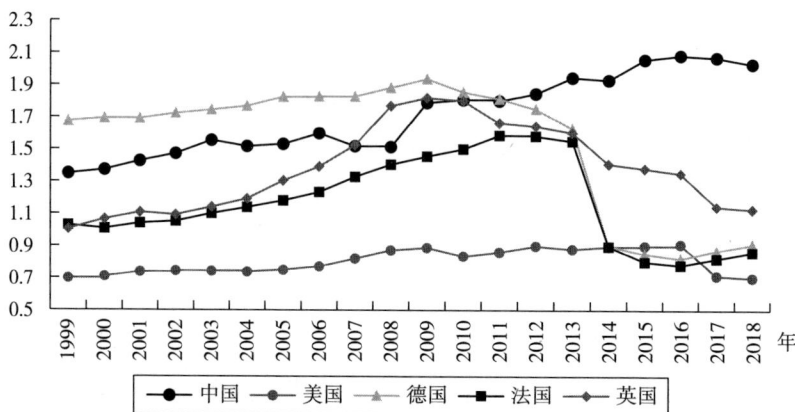

数据来源：CEIC 数据库，网址：https://insights.ceicdata.com。

图 1 - 1　世界主要国家货币化率

2010 年 CPI 开始走强，连续 14 个月超过 4%，为控制国内投资过快增长而引发的经济过热（见图 1 - 2），仅 2011 年上半年，中央银行已 6 次提高存款准备金率，致使大型金融机构存款准备金率空前高达 21.5%，此外还 3 次提高基准利率，并发行带有惩罚性质的中央银行票据。此举为刺激内需、拉动经济增长发挥了巨大的作用，但也带来了产能过剩与通货膨胀压力并存、实体经济高杠杆、产业结构转型升级困难等一系列问题。

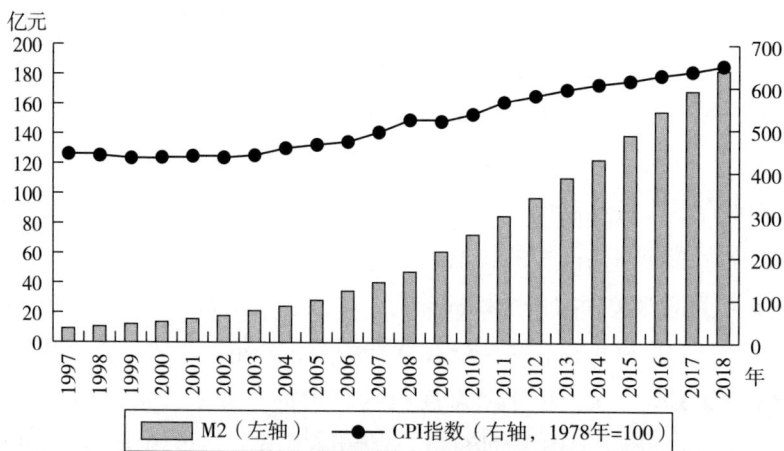

数据来源：1997—2018 年《中国统计年鉴》。

图 1 - 2　广义货币与居民消费价格指数趋势

尤其是 2013 年以来，中国经济告别两位数高增长模式，下行压力不断增大，宏观经济中"区域、产业、收入"三重结构失衡并存，经济结构调整与增速下调已成为中国经济的"新常态"，原有货币政策调控带来的产能过剩、资产泡沫和地方债务等问题逐渐暴露。面对经济结构转型与保增长的双重要求，中央银行一方面频繁下调存贷款基准利率与存款准备金率；另一方面降低公开市场操作力度，引导金融机构适度扩大信贷总量。借用 2016 年 5 月 9 日《人民日报》署名专访稿件《开局首季问大势：权威人士谈当前中国经济》中所说："综合判断，我国经济运行不可能是 U 形，更不可能是 V 形，而是 L 形的走势。这个 L 形是一个阶段，不是一两年能过去的。"

1.1.2 研究意义

"没有规矩，不成方圆"，如何在不确定环境下设计出体现前瞻性、时间一致性和稳健性特点的最优货币政策规则，是当前国内外学术界和应用界共同关注的焦点与难点问题。因为货币政策规则不仅可以指导中央银行制定切实可行的货币政策，而且可以提高货币政策的有效性、可信性和透明度。同时，它也为评价货币政策提供了一个可以观察的基本框架，使人们能够衡量货币政策的实施效果以及对社会福利的影响。

虽然中国 30 多年的国内货币政策操作实践已经为系统性研究提供了丰富的素材；世界各国货币当局在执行货币政策实践时也出现了大量值得借鉴和研究的新动向，中国货币政策环境与西方世界之间存在越来越多的"共性"，但需注意到现有研究多集中于发达国家为样本，而且现有货币政策理论都是基于发达国家的经济运行而来，与处于转轨时期的中国现状有很大区别，不同的经济背景，使得货币政策的制定与实施效果存在很大差异。这就决定了中国货币政策规则的选择、操作方式应立足本国国情，需求适合中国现阶段的货币政策规则理论，而不是简单地全面照搬西方的货币政策规则理论，必须有步骤、有选择、适时地加以采用。这种理论研究，不仅对中国是有益的，对于像中国一样处于市场经济体系有待完善的发展中国家、经济转型期国家也同样适合。

本研究的现实意义体现在将回答转型期中国货币政策操作面临的几个问题，即工具规则能否适合现阶段中央银行的货币政策操作？如果适合，何种形式的货币政策工具规则可能是中国面临的次优选择？面对不同冲击时，何种货币政策工具规则能更有效地熨平经济周期、减缓经济波动？如果不适合，理由何在？未来中国货币政策操作应进行怎样的优化改进？

货币政策规则多种多样，在具体实践中需要根据不同的历史条件而采取不同的方法，不存在永恒不变的单一规则。通过对以上问题进行回答，一方面可以为中国货币政策的制定与系统性操作提供必要的理论与实证支撑，进而丰富其相关研究并试图予以创新；另一方面有助于更加深入地认识中国货币政策调控中存在的体制、市场和政策操作等诸多方面的现实问题，从而有针对性地提出提高中国货币政策调控效果的对策和措施，为货币当局的政策调控及实现中国持续稳定的经济增长提供重要的借鉴和参考。

1.2 相关概念的界定

1.2.1 工具规则与相机抉择

货币政策工具规则是指如何根据经济形势变化对利率或者基础货币等货币政策操作变量进行调整的一般要求，变现为使得目标变量接近约定目标的货币政策调整的指导公式。任何货币政策工具规则必须具备三个特征：第一，必须系统性建立且能够透明地传播给公众；第二，必须有正确的长期目标；第三，必须依靠市场机制来运行。

与货币政策工具规则相对应的是相机抉择，所谓相机抉择是依据现有状况正确估计的前提下，每一阶段做出的最好决策选择。对货币当局而言，相机抉择意味着每一阶段的再优化，中央银行在货币政策操作过程中，不受任何固定程序或者原则的束缚，而是依照经济运行状态灵活取舍，以实现货币政策目标。

1.2.2 利率规则与基础货币规则

根据货币政策调控中操作变量的不同，工具规则可以主要区分为利率规则与基础货币规则。

利率规则将利率作为货币政策操作变量，是引导中央银行如何依据宏观经济形势的改变从而调节货币政策的一般性规范与要求，主张中央银行应基于目标通货膨胀率与目标实际利率进行调整的货币政策规则，它以泰勒规则为基础发展演变而来。

　　基础货币规则将基础货币作为货币政策操作变量，主张基础货币增长率应依据名义国内生产总值增长率与既定目标值之间的差距而变动，也属于适应性政策规则。

1.3　结构框架与内容安排

　　本书不仅在研究方法上强调科学性、严谨性和内在逻辑结构的一致性，而且在内容安排上尽可能体现主流经济学提倡的规范性方法。从结构上划分，本书的研究可以归纳为五个层次：第一个层次是选题背景介绍与问题提出；第二个层次是通过国内外相关文献梳理，探寻本书研究的逻辑起点；第三个层次属于理论分析范畴，构建了货币政策工具规则研究框架，并对选择货币政策工具规则的原因进行了推导证明，为研究提供了理论依据；第四个层次是相关的经验实证研究，主要分析了中国货币政策操作中存在的问题，检验了利率规则和基础货币规则在中国对应的反应系数，对比分析了当面对不同冲击时，利率规则和基础货币规则在中国的调控绩效；第五个层次是结束语，涵盖本书所得出的主要研究结论、可能存在的创新点、相关政策建议、不足之处以及未来进一步的研究方向。本书研究的结构框架如图 1-3 所示。

　　在内容安排上，全书共分八章，大致内容如下：

　　第 1 章导论，主要介绍了选题背景和研究意义，确定研究目标、研究思路和研究方法，对本书的主要内容和结构框架予以说明，并提出可能存在的创新之处。

　　第 2 章文献述评，主要任务是回顾有关货币政策工具规则的理论演进和经验研究文献，力图为本书的研究提供一个恰当的逻辑起点。首先，从单一规则、基础货币规则和利率规则三个方面较为详细地梳理和介绍了国外有关货币政策工具规则理论演进的研究文献，以求了解其最新进展和前沿问题的基本观点；其次，评价了国内货币政策工具规则理论引入、统计检验和比较分析的研究文献；最后，归纳出本书的出发点，在回顾文献的基础上，提出本书应从何处展开分析工作。

　　第 3 章构建了货币政策工具规则的研究框架，该框架是对以下章节研究的鸟瞰。首先，界定假设前提，依据动态不一致性理论，对比分析货币政策工具

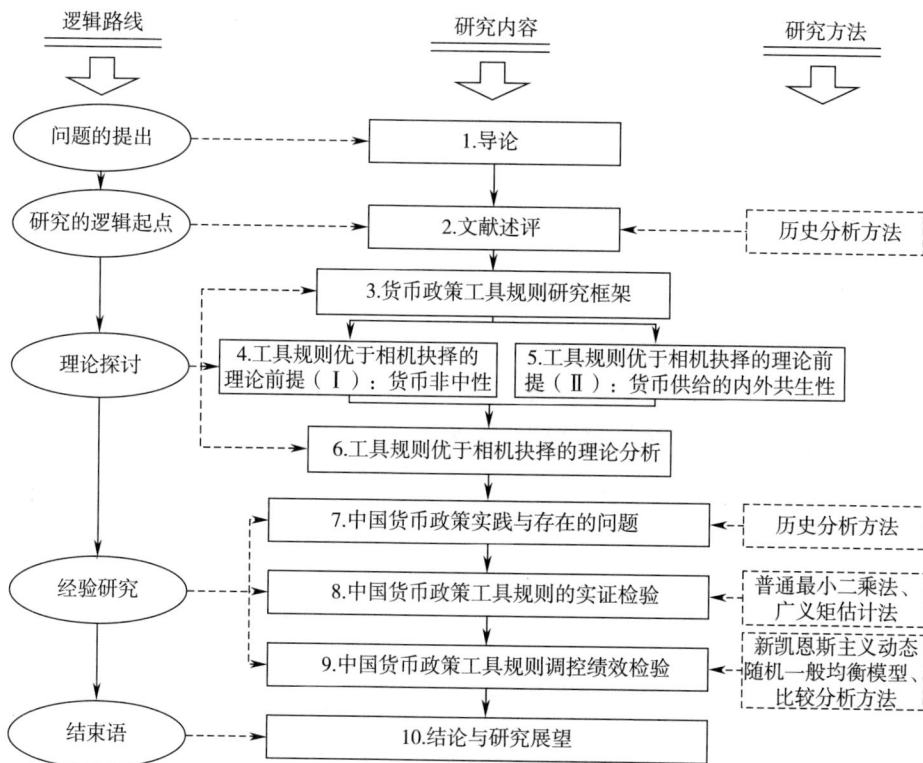

图 1-3 框架结构

规则与相机抉择型货币政策的优劣，为研究的开展奠定理论基础。其次，通过回顾我国二级银行体制建立至今的货币政策操作，发现中国货币政策操作中存在的主要问题，为研究提供现实依据。最后，选择货币政策工具规则中的利率规则和基础货币规则，以原式为基础分别进行修正与扩展，选取中国 1999—2018 年的数据为样本，通过对其具体的反应函数和适用性进行检验，为中国货币政策操作提供参考借鉴。在此基础上，依据稳健性原则和中央银行损失函数最小化原则，对比分析不同货币政策工具规则均衡结果，比较社会福利差别，尝试给出有关中国货币政策操作应当遵循何种工具规则更贴近现实、更为科学合理的解释。

第 4 章从货币性质的角度提出了工具规则优于相机抉择的理论前提。首先，定义了货币中性和货币非中性的内在含义；其次，回顾了经济学说史中对货币性质的演进历程，发现"货币非中性论"更贴近现实，原因在于：

（1）货币均衡是相对的和暂时的，而货币非中性是绝对的和经常的。（2）以中央银行为领导、商业银行为主体、多种金融机构并存的二级银行体制的普遍存在。（3）既带有"市场成分"又带有"指令成分"的"混合经济"时代，国家对经济的干预。

第5章从货币供给的角度提出了工具规则优于相机抉择的理论前提。自古典经济学至今，围绕货币供给的内/外生争论大致经历了5个阶段：18世纪，古典经济学派开展了货币供给与物价水平之间的因果争论；19世纪，银行学派与通货学派就银行能否控制货币展开了"通货争论"；20世纪上半叶，凯恩斯经历了由货币内生论向外生论的转变；20世纪下半叶，以弗里德曼为代表的货币学派建立了相对完善的货币供给外生理论；20世纪60年代后期，新古典综合学派以有效需求理论为基础，建立了较为完整的货币供给内生理论框架。在现代货币金融制度下，货币供给的内生性并不能否定其外生性，两者之间存在内在统一性。货币规模的变动应由中央银行的外生供给与经济活动的内生需求共同决定，即货币供给存在外生和内生两个相互结合的创造渠道。

第6章从理论层面分析了货币政策工具规则优于相机抉择的理由。首先，界定理论前提，即货币非中性和货币供给内外共生性。其次，根据动态不一致性理论，采用附加预期的菲利普斯曲线，从最优均衡角度和通货膨胀偏差角度出发，分别讨论了货币政策工具规则与相机抉择型货币政策的优劣，发现中央银行如果执行相机抉择型货币政策，就更可能出现短视行为，也更容易导致货币政策的时间非一致性，而如果执行货币政策工具规则，不但可以有效地解决通货膨胀偏差问题，还可以比相机抉择型货币政策减少福利损失 $(\rho\delta\theta)^2/2$，即货币政策工具规则优于相机抉择，为后续研究提供了理论依据。

第7章是中国货币政策操作实践与存在问题。以1984年中国人民银行正式行使中央银行职能为基期，以货币政策操作方向、操作工具、中介目标和最终目标选择为标准，可以将中国货币政策操作历程划分为7个阶段，发现了中国货币政策操作存在的三个主要问题：操作方向改变频繁，过于注重相机抉择；流动性波动幅度大，对资产价格与物价稳定提出了挑战；利率调控空间越来越窄，"零利率"时代渐行渐近，如果再低，很容易陷入"流动性陷阱"难以自拔，为本书研究提供了现实依据。

第8章中国货币政策工具规则的实证检验。选取中国1999—2018年的数据为样本，分别对利率规则和基础货币规则在中国货币政策操作中的适用性进行了检验，研究发现：引入利率平滑因子的前瞻性利率规则和加入外汇储备因素的包含产出缺口、通货膨胀缺口与汇率缺口的基础货币规则均适合我国货币政策操作。前者利率平滑参数是 0.8922，对通货膨胀缺口、产出缺口和汇率缺口的反应系数分别是 1.7363、0.2734 和 − 1.4402。后者基础货币增长率对外汇储备的反应系数是 0.1218，对产出缺口、通货膨胀缺口、汇率缺口的反应系数分别是 − 0.7599、− 0.0735 和 − 0.6928。

第 9 章对不同货币政策工具规则在中国的调控绩效进行了检验。在第 6 章研究的基础上，构建了由居民、中间产品厂商、最终产品厂商、政府和中央银行五类经济主体组成的新凯恩斯主义 DSGE 模型。首先，采用校准法对模型参数赋值，并用 Bayes 方法进行抽样和先验后验估计。其次，为检验模型的拟合优度，分别用各变量自相关系数衡量其波动持续性，用各变量标准差与产出标准差之比衡量其波动性大小，用各变量与产出相关系数反映顺周期性特征及其强弱。在此基础上，以不同冲击对产出和通货膨胀的影响为参考，从货币政策调整与非货币政策冲击两个方面对比利率规则与基础货币规则的冲击响应。为进一步研究利率规则与基础货币规则对社会福利损失产生的影响，利用中央银行损失函数进行测度。

第 10 章是本书的结论与展望。总结全书，包括本书研究的主要结论和主要的创新点，以及在此基础上提出适合中国国情、促进宏观经济协调发展的货币政策调控的针对性建议，可能存在的不足之处以及进一步研究的方向。

1.4　研究方法

1.4.1　历史分析法与比较分析法

历史分析法是运用发展、变化的观点分析客观事物和社会现象的方法，客观事物的出现总是有它的历史根源，在分析时，只有追根溯源，才能弄清其实质，揭示其发展趋势，才能提出符合实际的解决办法。比较分析法是把客观事物加以比较，以达到认识事物的本质和规律并做出正确的评价。本书第 2 章使用历史分析法，对国内外学术界有关货币政策工具规则的研究做了较为全面、系统地梳理。第 9 章讨论不同货币政策工具规则在中国的调控绩效中，使用了比较分析法。

1.4.2　普通最小二乘法

普通最小二乘法（Ordinary Least Squares，OLS）是研究变量间是否存在长期均衡关系的计量方法。如果变量间都是单整变量，只有当它们的单整阶数相同时，才可能协整；如果它们的单整阶数不相同，就不可能协整，否则会出现伪回归现象，因此，在对变量间进行协整检验前要进行单位根检验。同时，协整说明变量间存在长期稳定关系但不一定是因果关系，故要进行因果关系检验，两变量之间常用 Engle—Granger 检验，两者以上则用 Johansen 检验。因此，顺序一般是先做单位根检验，通过后如果同阶单整，再进行协整，然后进行因果检验。本书第 8 章讨论工具规则在中国的检验与适用性研究时，采用了该方法。

1.4.3　广义矩估计法

广义矩估计法（Generalized Method of Moments，GMM）。它是以矩估计方法为基础，利用了 $E(X'\mu) = 0$ 作为总体矩条件，如果模型实际参数存在大于 $k+1$ 个变量与随机项不相关，可以构成一组包含大于 $k+1$ 个方程的限制条件，这就是广义矩估计法。在随机抽样中，样本统计量将依据某个概率收敛于常数 C，该常数 C 又是抽样分布中未知参数的函数 f，也就是说，在对抽样分布未知的情况下，采用样本矩构建包括总体未知参数在内的所有方程，再根据这些方程组求得未知参数值。GMM 的优点在于，不需要知道随机误差项的准确分布信息，允许随机误差项存在异方差和序列相关，因而所得到的参数估计量比其他参数估计方法更有效。本书第 8 章讨论利率规则在中国的检验与适用性分析时，采用了该方法。

1.4.4　动态随机一般均衡模型

动态随机一般均衡模型（Dynamic Stochastic General Equilibrium Models，DSGE）就是在不确定环境下研究经济的一般均衡问题，它是一种优化模型，特别适合情景分析（Vetlov et. al，2010），能较好地避免 Lucas 批判和政策上的动态不一致性等问题。通过严格依据一般均衡理论，利用动态优化方法对居民、中间产品厂商、最终产品厂商和政府等经济主体在不确定环境下的行为决策进行详细的刻画，得到经济主体在资源约束、技术约束和信息约束等条件下的最优行为方程，再加上市场出清条件，并考虑加总（Aggregation）方法，最终得到不确定环境下总体经济满足的方程。本书第 9 章研究不同工具规则在中国的调控绩效时着重使用了 DSGE 模型。

第一篇

基础篇

2　文献述评

在有关货币政策的理论中，货币政策工具规则的发展是近期最令人瞩目的研究领域之一，国内外经济学家对此进行了深入的探索与讨论，积累了丰富的成果。本章通过对相关文献进行梳理，为本书研究寻找恰当的逻辑起点。首先，按照单一规则、利率规则和基础货币规则三种类型对国外有关货币政策工具规则的文献归纳总结；其次，对国内有关货币政策工具规则的研究划分为理论引入、历史统计检验和不同工具规则比较分析三方面论述，在肯定这些研究的理论与实践价值的基础上，试图分析其存在的不足，并导出本书研究的出发点。

2.1　国外研究

货币政策工具规则是如何根据经济形势的变化对基础货币或者利率等货币政策操作变量进行调整的一般性要求，表现为使得目标变量接近约定目标的货币政策调整的指导公式（Taylor，1999），根据操作变量的不同，工具规则可以大致划分为：单一规则、基础货币规则和利率规则。

2.1.1　单一规则

Friedman（1963）继承了芝加哥学派的"自由放任"思想，他通过对美国1867—1960年经济统计数据分析后发现：劳动力年均增长率为1%~2%，国民生产总值年均增长率大约为3%，那么货币供应量应保持4%~5%的比例增长，这就是 Friedman 主张的"单一规则"，其表达式为

$$\Delta m_t = \frac{M_t - M_{t-1}}{M_{t-1}} \times 100\% = y_t^* + \Delta L = c \qquad (2-1)$$

式（2-1）中，Δm_t 代表货币供应量增长率，M_{t-1} 代表 $t-1$ 年的货币供应量，M_t 代表 t 年的货币供应量，y_t^* 代表国民生产总值增长率，ΔL 代表劳动力增长率。当货币供给具有完全的外生性时，如果货币流通速度 V 保持不变，则固

定货币增长率规则就是保持货币供给增长率保持不变的比率 c。

Friedman（1948）指出，货币政策不可能在长期内盯住利率，这是因为：当经济繁荣时，私人部门的投资增加，对资本的需求上升，作为资本价格的利息上升，为了达到盯住利率的目标，中央银行必须向市场释放更多的流动性，这可能会导致通货膨胀上升，经济过热；当经济衰退时，私人部门对投资的需求减少，作为资本价格的利息下降，为了保持利率不变，中央银行须回笼货币，这可能使衰退的经济形势更加"雪上加霜"。换句话说，如果中央银行采取盯住利率的货币政策，货币供给量必须顺周期而动，这样会导致经济出现更大幅度的波动。

为了使该规则更加有效，Friedman（1968）对美国联邦储备委员会自1953年以来的货币政策执行过程进行了回顾，发现了其存在的主要问题，并针对性地提出了八点政策建议。

第一，美联储将货币总量的各个组成部分作为控制目标，对其实行统一的准备金率。第二，提倡用即期美元储备核算代替滞后美元核算。第三，提前向社会公布美联储全面、详尽的购买计划清单，并给予支持。第四，禁止美联储对美元供量进行任何年度、季度和月度调整的尝试，原因在于，这是形成"货币幻觉"的主要来源。第五，将资本贴现率界定在补偿率的范围内，同时与市场利率相结合，使它能够根据资本市场形势变化自动作出调整。第六，货币总量（如 M_2）一旦确定，则实施若干年保持不变的中长期增长目标。第七，取缔所有的债券回购协议和与之相类似的短期业务。第八，依据货币总量（如 M_2）的中长期增长目标，对一定时期内（如3个月或者6个月）美联储应该持有的债券总额作出估算，然后以周为时间单位，转化为平均数。除了对冲到期债券以外，美联储每周购进的债券数额与原有未到期的债券数额之和，等于每周平均数。

单一规则的实施基础是，必须对个体经济的内在稳定性抱有坚定信念，将货币政策的最终目标定位在为社会提供稳定的货币环境，摒弃采用货币政策来促进产出和增加就业。它成立的必要条件有两个：第一，货币供应的外生性。第二，货币需求函数稳定不变，换而言之，名义收入 y_n 与货币需求 m_d 之间存在某种稳定关系。

然而，货币需求并非一成不变，货币流通速度也会发生变化。固定货币增长率规则"以不变应万变",并不能熨平经济周期,有时甚至会加剧经济波动,稳定的货币供给只不过是经济稳定的必要非充分条件。在发生严重的预期外冲击时,恪守固定货币增长率规则是极不明智的,将加剧经济波动。

2.1.2 基础货币规则

McCallum（1984）提出对 Friedman "单一规则"进行修正,他主张中央银行应以基础货币作为工具,因为货币供应量既不是货币政策的最终目标,也不是中央银行可以直接控制的政策工具,当发生大规模制度变迁时,中央银行不能够或者不愿意使货币供应量达到预定目标,而基础货币可以直接受货币当局的控制,其数量可以直接从美国财政部和美联储的资产负债表上体现出来,不会与目标路径发生重大偏离。中央银行应根据货币的流通速度对基础货币的增长率进行阶段性调整。当货币流通速度发生变化时,如果基础货币增长率仍保持不变,不但难以达到既定的目标,更有可能使货币供应量发生较大波动,危及经济稳定。基于此,McCallum 认为,当基础货币流通速度上升时,中央银行应降低基础货币的增长率;当基础货币流通速度下降时,中央银行应增加基础货币的增长率。实际收入受劳动力增长率和技术创新水平等供给条件所决定,从长期观察,这些条件处于稳定状态,故实际收入在很大程度上独立于名义收入的增长,控制名义收入增长率即可以控制住通货膨胀率。根据以上观点,基础货币规则可以表示为如下表达式:

$$\Delta b_t = y_t^* - v + \lambda(y_{t-1}^* - y_{t-1}) \qquad (2-2)$$

式（2-2）中,Δb_t 代表 t 期基础货币增长率,y_t^* 代表 t 期名义 GDP 增长率目标。v 代表 $t-1$ 期基础货币平均流通速度变化率,当基础货币的流通速度增加时,对基础货币的需求量减少,中央银行减少货币供应量;当基础货币的流通速度下降时,对基础货币的需求量增加,相应地,中央银行增加货币供给量。λ 代表基础货币的增长率对名义 GDP 缺口的反应系数,它表示,当出现正向（或者负向）产出缺口时,中央银行为减缓经济过热（或者过冷）而调节货币供给的程度。$y_{t-1}^* - y_{t-1}$ 代表名义 GDP 缺口,它是指,$t-1$ 期名义 GDP 增长率目标与实际 GDP 增长率之间的差值。在此基础上,McCallum（1987）以美国为例,研究发现:美国实际产出的长期增长率约为 3%,假设美联储的目标通货膨胀率为 0,只要保持名义 GDP 以 3% 的速度增长,就可以防止实际产出偏离长期增长路径。将 GDP 年 3% 的增长率目标转换为季度增长率的对数结果为 0.00739，λ 取值为 0.25。

Tobin（1983）和 Bean（1983）提出，稳定名义收入应是货币政策的最终目标，基础货币必须根据名义收入的实际增长率与目标增长率之间的差距进行调整，因为以名义收入为目标可以间接地控制通货膨胀，只要实际收入具有可观测性或者稳定性特征，则价格水平与名义收入之间就存在可观测到的线性关系。

Judd 和 Motley（1991）将公式（2 - 2）的名义 GDP 目标分解为真实 GDP 目标和通货膨胀目标，使基础货币规则扩展为如下形式：

$$\Delta b_t = \ln B_t - \ln B_{t-1} = (y_t^* + p_t^*) - v + \lambda \left[(y_{t-1}^* - y_{t-1}) + (p_{t-1}^* - p_{t-1}) \right]$$

$$(2 - 3)$$

式（2 - 3）中，y_t^* 代表实际 GDP 目标增长率；p_t^* 代表目标通货膨胀率；$y_t^* + p_t^*$ 代表名义 GDP 的增长路径；y_{t-1}^* 代表 $t - 1$ 期潜在 GDP；y_{t-1} 代表 $t - 1$ 期实际 GDP；$y_{t-1}^* - y_{t-1}$ 代表 $t - 1$ 期 GDP 缺口；$p_{t-1}^* - p_{t-1}$ 代表 $t - 1$ 期通货膨胀缺口。通过使用美国 1954 年第一季度至 1989 年第四季度的历史数据，将基础货币规则和利率规则与凯恩斯主义模型和向量误差修正模型结合起来，计算了 500 次随机模拟。结果发现：当以基础货币作为操作工具，以名义 GDP 作为操作目标时，该基础货币规则形成的平均通货膨胀率最低，远远低于 5.4% 的实际值，且该值能长期保持稳定。虽然在大多数情况下，以名义利率作为操作变量的货币政策规则可能具有较大的置信区间，保证通货膨胀率在接近 0 的区间上下波动，但是在仅有比例项的情况下，这存在很大的可能导致通货膨胀率跳出既定区间。

在 McCallum 原式中，隐含的假设条件是货币流通速度整体上保持稳定，因此可以用前四年基础货币流通速度的平均值代表下一季度货币流通速度的增长趋势。然而，并不是货币流通速度的每次改变都意味着趋势值的长期位移，因此，McCallum 规则的原式无法适应货币流通速度经常变化的外部环境。鉴于此，Dueker（1993）对 McCallum 规则的原式进行了扩展，不仅引入预测货币流通速度趋势值的解释变量，而且允许模型参数随时间的变化而变化，以预测值为基础的反馈规则形式如下所示：

$$\Delta b_t = (\Delta y_t^f + \Delta p_t^*) - \Delta v_{t \mid t-1} + \lambda (x_{t-1}^* - x_{t-1}) \qquad (2 - 4)$$

$$\Delta v_{t \mid t-1} = \beta_0 + \beta_1 \Delta T_{t-1} + \beta_2 \Delta b_{t-1} + e_t \qquad (2-5)$$

式（2-5）中，$\Delta v_{t \mid t-1}$ 代表第 $t-1$ 期已知信息的基础上对第 t 期流通速度增长率的预测值，ΔT_{t-1} 代表第 $t-1$ 期三个月国库券收益率的变化，Δb_{t-1} 代表第 $t-1$ 期基础货币的变化率，考察的数据样本区间为 1959 年第三季度至 1992 年第二季度，结果显示：对比 McCallum 规则原式与随时间 t 变化的参数模型，可知，只有对圣路易斯地区基础货币流通速度预测的均方差与参数模型比较接近，故圣路易斯地区基础货币的流通速度拒绝为常数 C 的原假设。在面对其他情况时，McCallum 规则原式的均方差比随时间 t 变化的参数模型至少高出 33%。如果预测的误差具有连续性特征，它就会提高名义 GNP 目标的误差。也就是说，加入随时间 t 变化的参数模型能够更好地稳定名义 GNP 目标。

Croushore 和 Stark（1995）利用 1963—1993 年美国历年经济数据对 McCallum 规则进行了经验检验，从模拟运行结果来看，McCallum 规则总体来说表现良好。如果按照 McCallum 规则操作，平均真实产出水平可以接近其潜在水平，与此同时，模拟的价格水平要比历史水平低得多。然而，只有在 Pstar + 模型中，实际 GDP 和价格水平两者才都稳定。Croushore 和 Stark（1995）认为关键因素在于名义收入反应系数的取值，如果取值太大，可能引起货币政策的动态不稳定性；如果取值太小，可能意味着货币政策不能影响经济运行。

Dueker 和 Fischer（2004）考察了中央银行考虑实现多重目标时的情形，令货币当局以稳定价格和汇率为目标，且允许参数通过马尔科夫转换而随时间变化，模型的形式为

$$\Delta b_t = \lambda_0 + (\Delta b_{t \mid t-1} - \Delta p_{t \mid t-1}) + \lambda_1 (p_{t-1}^* - p_{t-1}) + \lambda_2 (e_{t-1}^* - e_{t-1}) + \varepsilon_t$$
$$(2-6)$$

式（2-6）中，p、e 分别代表以对数来衡量的价格水平和汇率，p^*、e^* 分别代表对应的目标值，ε 是随机扰动项。在此模型基础上，Dueker 和 Fischer（2004）选取 1972 年 1 月至 1987 年 12 月作为样本区间，采用瑞士基础货币月增长率作为货币政策操作工具，研究发现：公众对基础货币流通速度预期的改变是引起瑞士基础货币增长率波动的首要原因，价格水平缺口的改变位居其次，最后才是对汇率缺口做出反应，且这属于小概率事件，几乎不会发生。

2.1.3 利率规则

20 世纪 80 年代，由于金融创新的发展，货币供应量的可测性、可控性以及与实体经济之间的关系都变得难以捉摸，货币供应量已经不再适合作为货币政策的中介目标，"货币主义试验"的失败也使得西方主要资本主义国家纷纷放弃了以 Friedman 为代表的货币主义政策。到了 20 世纪 90 年代，利率作为货币政策工具的地位重新得到实务界与学术界的认可，而且其重要性不断得到肯定。

在这样的背景下，Taylor（1993）认为，货币规则不一定是政策工具的简单设定或者某一种具体形式，而是中央银行应系统性地按照某一计划实施货币政策。他主张以短期利率为货币政策工具，将名义收入目标分解为通货膨胀目标和真实产出目标，并根据通货膨胀缺口和产出缺口的变动来调节短期利率，这就是著名的"利率规则"。具体的模型表达式为

$$i_t = \pi_t + r^* + \alpha(\pi_t - \pi^*) + \beta y_t \qquad (2-7)$$

式（2-7）中，i_t 代表中央银行用作政策目标的短期名义利率，π_t 代表 t 期通货膨胀率，r^* 代表长期实际利率，π^* 代表目标通货膨胀率，y_t 代表 t 期产出缺口[1]，α 代表通货膨胀缺口的反应系数，β 代表产出缺口的反应系数。Taylor（1999）根据美国货币政策的历史数据得出长期实际利率为 2%，且对物价稳定和经济增长赋予相同的权重，则反应函数为

$$i_t = \pi_t + 2 + 0.5(\pi_t - \pi^*) + 0.5 y_t \qquad (2-8)$$

利用该规则，Taylor 对 1987—1992 年美联储的货币政策进行了模拟，结果发现，这个规则模拟的利率增长路径与实际利率路径表现惊人地相似。除了在 1987 年当股票市场崩溃时，美国实际利率与模拟值出现明显的偏离以外[2]，其他时候规则利率与实际利率拟合程度十分接近，对美联储货币政策的解释力超过 80%。Stuart（1996）通过研究也发现，利率规则与英国货币政策拟合也很好。

利率规则一经提出，就引起了学术界和实务界的极大兴趣，分别从不同角度进行了扩展和修正，并提出了一系列类似的利率规则，即"Taylor 型规则"

---

[1] 产出缺口 = ［（实际 GDP－潜在 GDP）/潜在 GDP］×100%。

[2] 1987 年的偏差是因为美联储为了避免股市崩溃，有意降低利率来增加市场的流动性。

（Taylor – Type Rules），用于检验和评判各国中央银行的货币政策，归纳起来，可以概括为以下四个方面：

（1）引入利率平滑机制

Rudebusch（2002）、Goodhart（1994）、Sack（1998）、Sack 和 Wieland（1999）通过研究发现，货币当局一般以较小的步调对短期利率在同方向进行调整，而很少改变利率变化的方向，即利率平滑，并从多方面对引入利率平滑进行了解释。Woodford（1999，2001）认为，适当地引入历史依赖性能够影响私人个体的预期，从而提高政策效果。Mishkin 和 Posen（1998）研究发现，毫无征兆的利率波动会产生公众对货币当局能力的质疑，从而减弱其货币政策操作的有效性与可信度。同时，毫无征兆的利率波动也会提高金融风险概率，增加金融系统的脆弱，而采取渐进式、小幅度地调整利率的方法，可以让货币当局给市场释放一个更加明确的政策信号，使得中央银行可以通过影响公众的预期来影响总需求，降低通货膨胀的成本，因此，加入平滑因子的利率规则有利于提高货币当局的声誉。Sack 和 Wieland（1999）提出，由于初始发布的产出和通货膨胀数据之间存在度量误差，利率平滑机制能有效地降低误差带来的不利影响；同时，模型设定与评估方法的选择也会对参数产生较大的影响，使得出的参数具有不确定性，而不准确的评估参数会对最优货币政策规则产生严重偏差，因此有必要采用利率平滑机制抑制该不良影响。在此基础上，他们进一步研究利率平滑行为是货币当局对经济的刻意为之还是被动反应：如果利率滞后项系数比较大并且显著，那么利率平滑行为应该是中央银行的刻意为之；如果利率滞后项系数比较小或者不显著，那么利率平滑行为应该是中央银行的被动反应。虽然引入利率平滑机制可能得到最优的货币政策规则，但是对利率平滑行为的质疑仍然存在，对利率平滑的分析和解释仍然是利率规则研究的重要方向。利率平滑行为可以用下式表示：

$$i_t = (1 - \rho)i_t^* + \rho i_{t-1} \qquad (2-9)$$

式（2 – 9）中，ρ 代表利率平滑系数，反映政策惯性的大小，$0 \leqslant \rho \leqslant 1$；$i_t$、$i_{t-1}$ 分别代表 t 期、$t-1$ 期利率值；i_t^* 代表 t 期利率目标值。将公式（2 – 9）代入公式（2 – 7）整理可得加入利率平滑因子后的货币政策反应函数为

$$i_t = (1 - \rho)(r^* - \alpha\pi^*) + (1 - \rho)(1 + \alpha)\pi_t + (1 - \rho)\beta y_t + \rho i_{t-1}$$

$$(2-10)$$

参数 α、β 和 ρ 可以用历史数据验证后得到，根据评估结果判断货币政策是否有利于稳定实体经济。

King（2000）将利率滞后变量引入泰勒规则进行实证检验后发现，利率的变动存在明显的平滑性。Orhanides（2001）通过对实时数据及当时数据的对比分析发现，两种数据下利率平滑都十分显著，且引入利率平滑的自回归形式模型与实际观察到的利率政策更为符合，但是在使用该模型时，其滞后变量处于主导地位，却是模型的一个缺陷。Seyfried（2009）发现引入利率滞后项的泰勒规则更适合分析国债的长短期行为，国债长期利率无论是对产出缺口的反应能力还是调整速度都强于短期利率，但持久性低于短期利率。

（2）引入前瞻性通货膨胀缺口

货币政策对经济的影响存在较长的时滞，如果短期利率仅仅对过去的或者当前的产出缺口或者通货膨胀缺口做出反馈，难以达到预定目标；同时，当经济系统遭受外界冲击时，如果该冲击产生的影响是短暂的、临时的，可能在货币政策发挥作用时该影响就已经过去，或者在货币政策发挥作用期间又发生了一些方向相反的冲击，如果对这些冲击做出反应，利率规则很难达到稳定经济、熨平经济周期的目的，反而可能会导致经济"过冷"或者"过热"，加剧经济波动。鉴于此，Batini 和 Haldane（1999）主张使用通货膨胀缺口的预测值为目标，允许中央银行根据货币政策的传导时滞调整通货膨胀预测的时间范围，并对其进行合理选择以更好地稳定产出，其反应函数为

$$r_t = \delta r_{t-1} + (1 - \delta) r_t^* + \lambda_\pi \left[E_t(\pi_{t+j}) - \pi^* \right] \qquad (2-11)$$

与利率规则原式不同的是，在该反应函数中没有包括产出缺口项 y_t，原因在于：对通货膨胀的预期必须使用产出缺口 y_t、汇率 e_t 和当前通货膨胀率 π_t 和其他相关变量 θ_t 等信息，即 $E_t(\pi_{t+j}) = f(y_t, \pi_t, e_t, \theta_t)$；而从中央银行角度考虑，最需要考虑的应是利率平滑参数 δ、利率对预期通货膨胀缺口的反应系数 λ_π 和通货膨胀预测的时间范围 j，如果在被解释变量和影响被解释变量的因素中同时出现产出缺口项 y_t，各被解释变量之间会产生线性相关性，降低模型的准确性。

但是，有些学者对前瞻性货币政策提出了质疑。Woodford（1999，2000）认为，总需求取决于长期利率，而长期利率取决于私人部门对未来短期利率的预期，而不是当前的短期利率，故货币当局必须改变私人部门对未来短期利率

的预期，才能影响总需求；同时，私人部门预期具有历史依赖性，即如果前瞻性货币政策能够使私人部门根据目标变量未来路径的预期以正确的方式作出反应，那么这种货币政策就可以达到更加理想的结果，然而，只有过去的货币政策确实对同样的冲击以同样的方式作出反应时，这种结果才会发生，因此，仅仅预期到货币当局将会在随后的日子里使用纯粹的前瞻性政策，并不一定会使私人部门在更早的时间内调整预期；在自然利率暂时增加的情况下，前瞻性货币政策也会导致名义利率增加相同的幅度。Carlstrom 和 Fuerst（1996，2000，2003）分别在灵活的价格模型和黏性价格模型中分析了前瞻性利率规则与后顾性利率规则是否会引起实际经济的不确定性，结果发现：无论在哪种模型中，前瞻性利率规则都会增加实际经济的不确定性。与此相反，使用后顾型利率规则在两种模型中均能保证实际经济的不确定性，即使加入利率平滑因子，得出的结论仍然如此。Orphanides（2015）发现，引入前瞻行为确实能改善联邦基金利率对通货膨胀缺口和产出缺口的反应，但是随着预测区间拉长，效果则会急剧下降。Sauer 和 Sturm（2007）在分析欧洲中央银行货币政策时考虑到了前瞻性利率规则的重要性。Ascari 和 Ropele（2012）认为研究利率规则不能忽视平均通货膨胀率，在执行利率规则时，即使是低水平的通货膨胀趋势也会影响模型的动态，而积极的通货膨胀趋势更会减弱其稳定性。Pfajfar 和 Zakelj（2011）运用实验经济学的方法对前瞻性利率规则和简单利率规则形式进行检验，分析它们对预期形成和预期异质性的影响，结果显示简单利率规则和拥有较高反应参数的前瞻性利率规则下的通货膨胀波动性要显著低于拥有较低参数的前瞻性利率规则。

（3）引入滞后变量的利率规则

Judd 和 Rudebusch（1998）利用利率规则检验美联储历届主席的货币政策时发现，在大多数情况下，利率规则模拟的利率与实际利率存在较大的偏差，通过在利率规则中加入更多的滞后变量可以解决该问题。一种方法是加入滞后一期的产出缺口：

$$i_t^* = \pi_t + r_t^* + \lambda_1(\pi_t - \pi_t^*) + \lambda_2 y_t + \lambda_3 y_{t-1} \qquad (2-12)$$

式（2-12）中，i_t^* 代表 t 期利率目标，λ_1 代表通货膨胀缺口反应系数，λ_2 代表 t 期产出缺口反应系数，λ_3 代表 $t-1$ 期产出缺口反应系数，当 $\lambda_3 = 0$ 时，公式（2-12）与利率规则原式（2-7）相同。

另一种方法不仅可以加入滞后的产出缺口，还可以加入滞后的通货膨胀缺口，如公式（2-13）所示：

$$i^* = \pi_t + r^* + \lambda_1(\pi_t - \pi^*) + \lambda_2(\pi_{t-1} - \pi^*) + \lambda_3 y_t + \lambda_4 y_{t-1}$$

$$(2-13)$$

不过，Taylor 等（2001）通过研究后发现，规则中包含的滞后项不宜过多，因为滞后变量越多，模型的稳定性就会越差，而且越来越多的实证研究表明，加入更多的滞后变量对于实现通货膨胀和产出目标不会带来更多改善。

（4）开放经济条件下的利率规则

Ball（1997，1999）通过构建开放经济条件下的宏观经济模型，推导了利率规则的反应函数：

$$\alpha' y_t + \beta'(\pi_t + \gamma e_{t-1}) = \rho' r_t + (1-\rho)e_t \qquad (2-14)$$

α'、β'、ρ' 均是 α、β、θ、λ、w、v 的函数，公式（2-14）右边被称为货币条件指数（Monetary Condition Index，MCI），是利率与汇率组合的货币政策工具。与利率规则相比，公式（2-14）左边没有常数项，表明目标通货膨胀率等于零，而且利率和汇率都是以长期稳定状态值作为衡量标准；同时，增加了滞后汇率项 e_{t-1}，这样就可以直接从通货膨胀中过滤掉汇率的暂时影响，从而更加符合"核心通货膨胀"的思想。

Taylor 和 Davradakis（2006）将上述规则改成如下形式：

$$r_t = f\pi_t + g y_t + h_0 e_t + h_1 e_{t-1} \qquad (2-15)$$

当 $f > 1$，$g > 0$，且 $h_0 = h_1 = 0$ 时，那么该规则与泰勒规则原式非常相似；当 $h_0 < 0$，$h_1 > 0$，且 $|h_0| > |h_1|$ 时，那么前一期利率对汇率的反应在下一期得到了部分补偿；当 $h_0 < 0$ 且 $h_0 = -h_1$ 时，那么利率仅仅对汇率的变化做出反应，这说明汇率的升值需要降低利率，进而采取更加宽松的货币政策。

然而，越来越多的经济学家却发现，即使在利率规则中加入汇率变量，也未必能够给实体经济带来更多改善。Primiceri（2005）发现，如果产出缺口的波动固定不变，只有当利率对汇率的反应系数达到极大的状态时，才能使通货膨胀的波动下降至极小的水平。Svensson（2000）、Svensson 和 Woodford（2003）的研究结果表明，当加入汇率因素后，降低通货膨胀反而提高了产出的波动幅度。那么，为什么加入汇率因素后并不能给实际经济带来更好的表现呢？围绕该问题，Taylor（2004）作出以下解释：

第一，当 $h_0 = h_1 = 0$ 时，即使不对汇率做出直接反应，如果汇率升值，也会带来两方面的效应：（1）减少出口会降低 GDP，而实际 GDP 的减少会导致经济下滑，降低通货膨胀；（2）由于进口产品的价格下降会拉低社会价格水平，汇率上升又会导致公众降低对产出与通货膨胀的预期，增加中央银行在未来降低利率的可能。因此，货币当局即使第一时间没有对汇率波动作出响应，通过公众对未来利率走向的预期，汇率的上升也会引起利率的下降。

第二，在一定程度上，生产力的波动会通过汇率波动得到反映，由该购买力平价水平改变引起的汇率改变不应当通过利率改变来实现，不然会对通货膨胀和实际 GDP 产生负面作用，可能导致比汇率自身波动更坏的结果。

（5）非线性政策反应函数的利率规则

货币政策存在非对称性，在经济的衰退期和扩张期，利率规则中通货膨胀缺口和产出缺口系数的估计结果差异较大。Shen 和 Hakes（2004）以贴现利率作为货币政策工具，将汇率变量纳入利率规则中，对我国台湾地区货币政策反应函数进行实证分析，发现其货币政策存在非线性特点。Becchetti 等（2008）运用平滑转换自回归模型对美国、德国和法国在经济周期不同阶段的货币政策行为进行了检验，发现中央银行的货币政策具有显著的非线性特征。Sirimaneetham 和 Temple（2009）、Altavilla 和 Landolfo（2005）、Wesche（2006）运用马尔科夫转换模型对货币政策的非对称性或者非线性进行检验，研究表明，货币政策存在非对称性。Martin 和 Milas（2004）运用二次 Logistic 平滑转换模型检验了 1992—2000 年英格兰银行的货币政策行为，发现货币政策中存在非线性，英格兰银行货币当局倾向于将通货膨胀盯住在一个区间内进行波动而非单一的通货膨胀目标，并且对通货膨胀在区间之上时更为敏感。Surico（2007）运用广义矩估计法研究了欧洲中央银行 1999 年 1 月至 2004 年 12 月的货币政策，发现欧洲中央银行对产出的政策存在非对称性，对产出下降的反应比对产出扩张大，而对通货膨胀不存在非对称性（见表 2-1）。

表 2-1　　　　　　　　国外货币政策工具规则研究回顾

	类型	研究内容	代表性文献
货币政策工具规则研究回顾	单一规则	以不变应万变，倡导货币供应量应按照固定比率增长	Friedman（1948）、Friedman（1963）和 Friedman（1968）

	类型	研究内容	代表性文献
货币政策工具规则研究回顾	基础货币规则	提出基础货币规则原式，主张中央银行以基础货币为工具，根据名义 GDP 缺口和货币流通速度对基础货币增长率进行阶段性调整	McCallum（1984）、McCallum（1987）、Tobin（1983）和 Bean（1983）
		在原式基础上将名义 GDP 分解为真实 GDP 和通货膨胀	Judd 和 Motley（1991）
		引入预测货币流通速度趋势值的解释变量，允许模型参数随时间的变化而变化	Dueker（1993）、Croushore 和 Stark（1995）
		考察了中央银行实现稳定价格和汇率多重目标时的情形	Dueker 和 Fischer（2004）
	利率规则	提出利率规则原式，主张中央银行应以短期利率为货币政策工具，根据通货膨胀缺口和产出缺口的变动来调节短期利率	Taylor（1993）、Taylor（1999）和 Stuart（1996）
		引入利率平滑机制	Rudebusch（2002）、Goodhart（1994）、Sack 和 Wieland（1999）、Sack 和 Wieland（1999）、Woodford（1999, 2001）、Mishkin 和 Posen（1998）、Sack（1998）、King（2000）、Orhanides（2001）、Seyfried（2009）
		引入前瞻性通货膨胀缺口	Batini 和 Haldane（1999）、Woodford（1999, 2000）、Carlstrom 和 Fuerst（1996, 2000, 2003）、Orphanides（2015）、Sauer 和 Sturm（2007）、Ascari 和 Ropele（2012）、Pfajfar 和 Zakelj（2011）
		引入滞后变量	Judd 和 Rudebusch（1998）、Taylor 等（2001）
		开放经济条件下的利率规则研究	Ball（1997, 1999）、Taylor 和 Davradaki（2006）、Primiceri（2005）、Svensson（2000）、Svensson 和 Woodford（2003）、Taylor（2004）

续表

	类型	研究内容	代表性文献
货币政策 工具规则研究 回顾	利率规则	非线性政策反应函数的利率 规则	Shen 和 Hakes（2004）、Becchetti 等（2008）、Kaufamann（2002）、Altavilla 和 Landolfo（2005）、Wesche（2006）、Martin 和 Milas（2004）、Surico（2007）

2.2 国内研究

进入 21 世纪以来，国内学者开始注重对货币政策工具规则的研究，具体可以归纳为以下三个方面。

2.2.1 货币政策工具规则理论引入

这类研究的代表人物有钱小安（2002）、陈雨露和边卫红（2004）、谢平和刘斌（2004）、李琼和王志伟（2008）等。其中，钱小安（2002）从分析货币政策的起源出发，对货币政策的理论发展进行了精确的概括，并对货币政策的统一性、独立性、协调性、可靠性、责任性、透明度等基本特征进行了有益的探求，通过对货币政策最终目标、中介目标、操作目标进行比较分析，研究了不同货币政策工具规则的内涵，并在此基础上，对货币政策工具选择、货币政策操作技巧以及货币政策效能进行了系统总结。陈雨露和边卫红（2004）认为，货币政策规则与相机抉择之间的争论由来已久，最早可以追溯到 19 世纪中叶的银行学派与通货学派之间的讨论，经历了从静态到动态、从分散到系统的演变过程。通过对货币政策规则的理论依据——动态不一致性模型及其扩展进行分析，在此基础上评述国外有关工具规则的观点，梳理了其研究发展脉络，探明了货币政策工具规则的理论渊源。谢平和刘斌（2004）从七个方面对货币政策规则的理论研究进行了汇总介绍，分别是理论基础、货币政策规则的选择与构建、货币政策规则的可操作性、前瞻性、一致性、最优性与稳健性。李琼和王志伟（2008）对利率规则理论研究的最新进展进行了梳理，发现利率规则最早由魏克塞尔提出，经 Taylor 等经济学家的不断扩展，20 世纪80 年代后期，随着经济形势的发展替代了"货币数量规则"的支配地位，一举成为学术界与实业界普遍关注的焦点。伴随利率规则理论的不断拓展，汇率和基础货币等因素纷纷纳入利率规则的框架中，使其理论体系更加丰富，最近的研究围绕不确定性、结构方程和流动性约束等问题展开。

2.2.2 货币政策工具规则统计检验

（1）利率规则在中国货币政策操作中的检验。谢平和罗雄（2002）选取历史分析方法与反应函数法，将中国货币政策实践用于检验利率规则，研究发现：利率规则与中国货币政策操作实践拟合效果良好，两者之间的偏离仅仅是由于政策调控滞后于经济状况而造成，建议可以将利率规则作为中国货币政策的操作指南，对中央银行制定货币政策提供参考。

刘斌（2003）根据我国实际数据，构建了混合型参数模型，将其作为货币政策规则研究的基本框架，以社会福利损失为标准，通过马尔科夫随机模拟，计算对比了三种决策方式对社会福利的影响，分别是利率规则、相机抉择与完全承诺型最优货币政策规则。结果表明，利率规则最接近完全承诺型的最优货币政策规则。陆军与钟丹（2003）采用协整分析的计量方法，引入前瞻性利率规则模型，用预期通货膨胀缺口替代原有的通货膨胀率缺口作为估计变量，对利率规则进行修正。研究发现，修正后的利率规则能够很好地拟合中国银行间同业拆借利率的具体走势，可以作为中央银行制定货币政策的决策依据。卞志村（2006）借助协整检验与广义矩估计两种计量方法，检验了利率规则在中国的适用性，结果表明，只有7天期银行同业拆借利率能够基本适合利率规则函数特征。王建国（2006）检验了Taylor模型在我国的适用性，发现了我国利率变动与产出缺口变化之间基本不存在相关关系，但是对通货膨胀的反应较为显著，同时利率变动带有明显的平滑性特征。王胜和邹恒甫（2006）在标准利率规则的基础上，引入了如美国、日本、欧盟等外国经济波动的影响，结论表明，中国利率水平与通货膨胀、国内产出缺口相关，同时，在开放经济环境下，外国经济发展状况将会影响一国最优利率水平，我国中央银行在制定和实施货币政策时不应忽略外国经济，尤其是美国经济的发展对中国产生的影响。张屹山和张代强（2008）依据货币需求方程与新凯恩斯主义模型，通过理论分析，推导得出涵盖货币因素的最优利率规则。在此基础上发现，货币需求方程的利率响应系数越大，利率规则中货币增长率的响应系数越大，货币政策的调控效果越好，反之就越坏。接下来，采用门限回归和线性回归计量方法，结合中国统计数据，从中央银行管制利率和市场利率两个方面出发，对利率规则进行了实证检验。结果表明，货币增长率、通货膨胀缺口与产出缺口对两种利率的响应系数均大于零，意味着，当我国宏观经济运行过冷或者过热时，利率规则能够保证中央银行采取正确的调控方向，熨平经济周期，减缓经济波动。郑挺国和王霞（2011）研究发现，前瞻性的泰勒规则能够稳定经济。肖奎喜和徐世长（2011）认为广义泰勒规则能够基本反映中央银行货币政策的传导目标。王志强和贺畅达（2012）基于 AFDNS 模型，考察货币政策规则对利率期限结构的动态影响，研究发现，时变系数泰勒规则可用于解释中国货币政策操作的动态特征。梁璐璐等（2014）通过 DSGE 模型研究发现，在非传统冲击下，若泰勒规则和宏观审慎政策相互配合，可在一定程度上保护通货膨胀目标。袁野（2014）利用 VAR 模型研究了货币政策规则时变系数对利率期限结构的动态影响，结果发现，中国在国际金融危机后进行的货币政策操作可用泰勒规则进行解释。何国华和吴金鑫（2016）通过构建开放接近宏观经济模型，研究表明，在金融市场开放度较低时，通货膨胀规则比较适用，而在金融市场开放度较高时，传统的泰勒规则更优。

近年来，国内学者围绕建立在利率规则基础上的货币政策反应函数的非线性特征展开了讨论。赵进文和闵婕（2005）运用 LSTR 模型对我国 1993 年第一季度至 2004 年第二季度期间的货币政策特征进行实证检验，发现我国货币政策操作表现出明显的非对称性特征。赵进文和黄彦（2006）引入前瞻性经济结构和非二次福利函数方式设定的目标函数，以货币当局存在非对称性偏好与非线性反馈机制为假设前提，选取广义矩估计计量方法，对我国次优非线性货币政策规则进行了测定，在此基础上，对货币当局一阶条件最优化的结构式与简约式作了模拟对比。结果表明，1993—2005 年，中国人民银行存在明显的非对称性偏好，与之相对应，货币政策的反馈机制也存在显著的非线性特征，这形成了中国存在通货膨胀的明显倾向。中国人民银行营业管理部课题组（2009）运用 LSTR 模型、线性回归和门限回归方法，发现我国货币政策操作在效果上表现出明显的非对称性特征。郑挺国和刘金全（2010）将利率规则扩展为具有时变通货膨胀目标的区制转移模型，对中国 1992—2009 年的货币政策反应函数进行研究，认为我国货币政策规则是一种非线性系统，可以分为"惰性"和"活性"两个区域，在惰性区，利率对通货膨胀缺口和实际产出缺口不敏感，是一种不稳定性结构；在活性区，利率规则是稳定的，其调整方向与通货膨胀和实际产出变动方向基本一致。张小宇和刘金全（2013）对利率规则模型进行门限效应检验后发现：如果选取 GDP 累计同比增速作为门限变量，当货币当局以产出缺口与通货膨胀缺口为基准调整名义利率时，存在显著的"门限效应"。当经济过热时，货币当局主要参考通货膨胀缺口调节名义利率；当经济过冷时，货币当局主要参考产出缺口调节名义利率。为了更加清晰地观察在经济周期的不同阶段，通货膨胀与实际产出对货币政策的真实响应，构建了 Markov 区制转换的理性预期模型，模拟测算了通货膨胀与实际产出对货币政策的脉冲响应函数。研究表明，处于经济周期的不同阶段，通货膨胀与实际产出对货币政策的响应呈现显著地非对称性特征。经济衰退时，扩张性货币政策对通货膨胀与实际产出的拉动效应要小于经济扩张时紧缩性货币政策对两者的抑制效应。

（2）基础货币规则在中国货币政策操作中的检验。袁鹰（2006）通过实证分析发现，在开放经济背景下，基础货币规则能够为中央银行基础货币的操作提供一个名义锚，并提高货币政策的透明度和前瞻性，因而更适合中国国情。江曙霞等（2008）选取中国 1995—2006 年季度数据为样本，分别对麦科勒姆规则及其拓展形式进行了经验实证，结果表明：基础货币对通货膨胀的响应较弱，对实际 GDP 的响应较强，而对汇率的响应与经济理论相悖。通过对基础货币内生性进行检验后发现，受国内外汇储备和固定资产投资的影响，基础货币表现出明显的内生性特点，故中央银行应尽快转变货币政策调控方式，由数量型工具为主逐渐过渡至价格型工具为主，改善货币政策的调控效果。葛结根和向祥华（2008）选取 1990 年第一季度至 2008 年第一季度为样本区间，以麦卡勒姆规则原式为依据，对比基础货币供应量、增长率的实际值和模拟值后发现，两者之间存在很大偏差。当取消麦卡勒姆规则原式的既定参数设定，重新对基础货币反应函数进行检验，所得结果要明显优于原式，但中央银行的货币供给呈现顺周期性特征。当实行固定汇率制时，基础货币增长率对外汇储备的变化几乎没有任何反应，而经过加权的外汇储备增长率的影响也不显著。李沂（2010）构建了向量误差修正模型，发现了中国的基础货币具有良好的可测性和可控性，且流通速度稳定。基础货币增长率、消费者价格指数、实际产出增长率与货币流通速度之间存在趋同特征，具有明显的相关性。包含物价稳定与经济增长的双目标基础货币规则能够较好地拟合中国货币政策调控实践，对双目标值的界定既可以是区间，也可以是某个具体的点，对比而言，目标值界定为区间不仅能实现操作的灵活性，而且能体现规则的严肃性，同时满足货币政策调控的"逆经济风向行事"特征。基础货币对通货膨胀偏差的响应低于对实际产出增长率的响应，因此，需要在设定规则时给予更大的权重。殷醒民（2010）认为货币政策应从相机抉择转向基础货币规则，以更好地抑制通货膨胀预期，稳定宏观经济增长。许文彬、厉增业（2012）以 2010 年 1 月我国开始实行的货币政策方向转换为着眼点，对货币政策麦卡勒姆规则进行了实证检验，检验了麦卡勒姆规则下我国的基础货币反应函数，并根据我国的实际情况进行了两项改进：一是引入外汇储备增长率这一解释变量，发现模型对基础货币增长率的解释能力得到了增强；二是以通货膨胀率作为解释变量考察基础货币的增速关系，发现通货膨胀率的变动一定程度上是货币政策操作实施后的结果。方成和丁剑平（2012）实证检验了货币政策规则的调控效果，基础货币规则对产出与通货膨胀的反应更显著且调控更有效。岳超云和牛霖琳（2014）基于 DSGE 模型和贝叶斯方法估计了基础货币规则，发现基础货币规则更能解释中国的货币政策。刘喜和等（2014）将 IS 曲线、汇率决定方程、资产价格决定方程与新凯恩斯菲利普斯曲线组成一个方程组，引入不确定性因素，对比分析了"存在不确定性冲击""忽略不确定性冲击"和"介于两者之间的状态"三种情形下，国外产出缺口、国际大宗商品价格波动对国内产出与通货膨胀的响应。结果发现，当对不确定性冲击充分考虑时，能明显减轻国外产出缺口、国际大宗商品价格波动对国内产出与通货膨胀的影响。在稳健性前提下，面对通货膨胀问题，利率规则与基础货币规则的效果基本相同，对于解决经济增长问题，基础货币规则优于利率规则。吴吉林和张二华（2015）运用工具变量分位数回归方法，研究发现，以 M_1 为货币中介目标的基础货币规则具有显著的非线性与非对称性，可反映中央银行的货币政策的调节力度与目标的时变性，因而仍可发挥积极有效性的作用。

2.2.3 货币政策工具规则比较分析

卞志村等（2012）比较分析了包括 FCI（金融形势指数）的泰勒规则与基础货币规则，结果发现泰勒规则的拟合效果更优，并对 FCI 偏离变量具有逆周期反应。王君斌等（2013）利用 SVAR 模型对比分析了基础货币规则和泰勒规则的调控效果，相对于基础货币规则，泰勒规则对产出和通货膨胀的调控效果更优，且不易导致经济波动。刘喜和等（2014）从稳健性角度考察，认为基础货币规则和泰勒规则治理通货膨胀的效果差异不大，但泰勒规则对经济增长的影响要强于基础货币规则。陈师等（2015）在开放经济中型 DSGE 模型中，引入有管理的浮动汇率制，比较分析不同货币政策规则的宏观效应，结果发现，目标区间利率规则具有最优的经验表现，而在易变性和福利损失方面，泰勒规则优于基础货币规则。张达平和赵振全（2016）基于 DSGE 模型比较分析了基础货币规则和泰勒规则的适用性，结果发现，以利率调控为主的泰勒规则对宏观经济具有更大的影响强度且政策效果持续时间短。杨英杰（2002）认为，因为中国现阶段不适合将基础货币界定为货币政策操作目标，故麦卡勒姆规则难以为中央银行的政策调控提供有利参考。而伴随资本市场的日渐成熟，其利率完全可以成为中央银行的调控目标，衡量货币政策的松紧。通过实证结果表明，名义利率对实际 GDP 缺口与通货膨胀缺口的反应系数均小于零，属于不稳定的货币政策规则，这就要求中央银行在实施货币政策时，需增加利率对产出与通货膨胀的响应。

　　进一步地，部分学者认为应充分考虑货币政策目标，将单一货币政策规则结合起来，采用混合型规则进行调控。张杰平（2012）等认为，利率和货币供给量混合的混合规则是目前最适合我国的货币政策规则。马亚明和刘翠（2014）利用 DSGE 模型，在房地产价格波动的背景下，中国如何选择货币政策工具规则，结果发现前瞻性的利率和货币供给量混合而成的混合规则是最优的货币政策工具规则。庄子罐等（2016）利用贝叶斯方法估计货币 DSGE 模型分析中国如何选择货币规则，发现泰勒规则对产出和通货膨胀具有较大的影响力度，若想稳定物价和促进经济增长，则需要同时使用泰勒规则和基础货币规则。伍戈和连飞（2016）立足于新凯恩斯理论，构建了数量和价格结合的混合型货币政策规则，结果发现，相对于单一规则，混合型规则对宏观经济平稳运行及社会福利改善具有更好效果。杨光等（2017）分析了含零利率下限约束的 DSGE 模型，发现零利率下限条件下，传统泰勒规则对稳定经济已不具有效作用，货币政策应与宏观审慎政策相结合，才能有效稳定经济与金融系统。

2.3　研究述评

　　本章在回顾相关文献的基础上，首先对国外货币政策工具规则的研究文献进行了追溯，分别从单一规则、基础货币规则和利率规则三个方面梳理了货币政策工具规则的理论演进脉络，阐述了各个工具规则所具有的特征。其次对国内有关货币政策工具规则方面的代表性成果进行了归纳，分别从"国外货币政策工具规则理论引入""货币政策工具规则统计检验"和"货币政策工具规则比较分析"三个方面进行了梳理，总结了当前有关货币政策工具规则的研究方向和基本观点。

通过具体的文献回顾工作可以看出，尽管与货币政策规则相关的理论研究已经取得了显著进展，围绕一些重要问题形成了比较一致的看法，例如，对货币政策工具规则持肯定态度，认为它可以有效地改进货币政策调控绩效，减少经济波动，明显提升社会福利水平。但是，相关研究仍在进一步完善和发展之中，在一些重要方面众说纷纭、莫衷一是。与本书研究直接相关的争论主要有：（1）学术界普遍认为，我国货币政策的有效性程度并不高，还有许多地方值得改进和完善。故本研究以问题为导向，从分析我国货币政策的实际调控效果出发，探讨如何改进我国货币政策的操作方式，以提高我国货币政策的有效性。（2）虽然围绕货币政策工具规则与相机抉择优劣的研究已大量涌现，但从理论层面对其进行系统性分析的较少，鉴于此，本书首次明确界定了将两者对比分析的理论前提，对相关方面的研究进行了有益的补充。（3）Taylor、McCallum 等学者倡导货币政策工具规则，将实践中的货币政策操作视为某种规则行为，承认对中央银行的实践操作而言，动态不一致性并不是一个严重的问题。与该观点相对立，Rogoff、Vash、Jensen 等学者认为中央银行的货币政策操作本质上是相机抉择的。那么，在实际操作中，我国中央银行的货币政策行为究竟属于相机抉择型还是规则型？其存在哪些主要问题？本书进行了较为清晰的回答，较现有研究相比，这也是可能存在的边际创新之处。（4）如果我国货币政策操作实现由相机抉择型向规则型的转变，我国的经济波动（本书选取产出增长率与通货膨胀率进行衡量）是否会明显减缓？本书通过动态模拟不同类型货币政策工具规则操作来回答这一问题，而这种动态模拟方法在国内学术界也不多见。

事实上，随着中国 1984 年二级银行体制的建立和经济开放程度的不断提高，国内货币政策的环境与发达市场国家之间表现出越来越多的"共性"，同时不能忽略我国宏观经济环境与发达市场国家存在的许多差异，这就决定了我国货币政策工具规则的选择、作用的方式和效果应该具有自身的特征，不能简单地全面照搬西方货币政策规则理论。从这点意义考虑，探寻适合中国当前和未来经济发展的货币政策工具规则应该是值得认真研究的一个方向。

3 货币政策工具规则研究框架

货币政策的功能在于通过货币政策工具的操作实现中央银行的既定目标，无论这一目标是物价稳定还是经济增长抑或是其他，其最终效果均与货币政策的操作方式密不可分。本章在现有研究的基础上，尝试构建货币政策工具规则的研究框架，该框架是对本章节以下研究的鸟瞰。首先，界定假设前提，围绕"为什么选择货币政策工具规则而非相机抉择"这一问题进行了证明，为本书的研究奠定了理论基础；其次，对中国货币政策操作实践进行回顾，发现了其存在的主要问题，为研究的开展提供了现实依据；接下来选择货币政策工具规则中的利率规则和基础货币规则为研究对象，分别对其货币政策函数进行检验，得到对应的反应系数；最后，对比不同货币政策工具规则调控绩效。尝试给出有关中国货币政策操作应当遵循何种工具规则更贴近现实、更为科学合理的解释。

3.1 选择货币政策工具规则理由

具有预定的长期政策格局的货币政策工具规则，要求在 t 时期开始，就根据对所有时期进行跨期优化，对政策集进行推导，并随时间推移对其加以保持。按照这一政策安排，当前能够预料到的对经济的未来冲击都不会导致对这一预定政策的偏离。而相机抉择型货币政策只要求根据当前时期进行跨期优化，对每个时期的最优政策路径都进行重新推导，即使在没有出现未预期冲击的情况下也是如此，可以发现，相机抉择型货币政策在随时间推移而进行的连续优化操作中，逐渐消除了过去时期中与之有关的信息。直观来看，相机抉择型货币政策应该更加可取，因为它保持了连续的政策操作灵活性，中央银行可以根据每个时期出现的未预期到的冲击进行稳态化操作，并在每个时期都保持最优。而遵循时间一致性的货币政策工具规则由于在 t 期刚开始就确定了未来所有时期的政策路径，难免有政策僵硬之嫌。但是，这种直观的看法在动态不一致性理论提出以后，受到了充分的质疑与挑战。

我国自 1992 年明确提出向社会主义市场经济体制转轨后，逐渐加大了货币政策在宏观调控中的作用力度，但对于相机抉择和工具规则这两种货币政策操作规范，究竟哪一种更加适合中国的实际情况？货币当局应该选择何种方式进行调控，是在每个时间段均重新做出调整，还是一次性针对多个时间段做出调整并加以保持？这是本书首先需要研究的一个问题。

任何经济学的研究都需要一定的假设前提，对该问题的回答也不例外。这里界定"货币非中性"和"货币供给内外共生性"作为理论前提，这是因为，肯定货币非中性是中央银行进行货币政策操作的基础，承认货币供给的内外共生性既是正确把握货币供给性质的关键，又是正确认识中央银行及其货币政策作用的前提。然后依据 Kydland 和 Prescott（1977）的"动态不一致性理论"，借助附加预期的菲利普斯曲线，从最优均衡和通货膨胀偏差角度分别探讨了工具规则与相机抉择型货币政策的实施效果，并进行对比分析。

首先，从最优均衡角度出发，建立了经济个体决策序列为约束条件，满足社会目标函数最大化的拉格朗日方程。假设中央银行面对的社会目标函数为

$$G(\alpha,\beta) = G(\alpha_1,\alpha_2,\cdots,\alpha_t;\beta_1,\beta_2,\cdots,\beta_t);t \geq 1 \qquad (3-1)$$

式（3-1）中，α_t 代表第 t 期经济个体的决策序列，β_t 代表第 t 期中央银行的政策序列。作为理性人的经济个体，在 t 期的最优决策一定受到自身过去决策和所有政策序列的影响，则经济个体的决策序列可以表示为

$$\alpha_t = f_t(\alpha_1,\alpha_2,\cdots,\alpha_{n-1};\beta_1,\beta_2,\cdots,\beta_t);t \geq n \geq 1 \qquad (3-2)$$

以经济个体的决策序列为约束条件，则满足社会目标函数政策序列 β_t 的最大化方程组应为

$$\begin{cases} \underset{\beta_1,\beta_2,\cdots,\beta_t}{Max}\left[G(\alpha,\beta)\right] = G(\alpha_1,\alpha_2,\cdots,\alpha_t;\beta_1,\beta_2,\cdots,\beta_t) \\ s.t. \quad \alpha_t = f_t(\alpha_1,\alpha_2,\cdots,\alpha_{n-1};\beta_1,\beta_2,\cdots,\beta_t) \end{cases} \qquad (3-3)$$

通过对工具规则和相机抉择型货币政策路径进行跨期优化，可以解出相对应的欧拉条件，求得最优值。

其次，从通货膨胀偏差角度出发，假设中央银行追求物价稳定和经济增长两个政策目标，它希望达到预期损失函数的最小化，该损失函数是由产出与通货膨胀的波动所决定，具体公式表达式为

$$L = \frac{1}{2}\delta\left[y - (y_n + \theta)\right]^2 + \frac{1}{2}\pi^2; \theta \geqslant 0 \qquad (3-4)$$

中央银行与私人部门通过动态博弈，得出中央银行执行工具规则和相机抉择型货币政策时对应的损失函数和数学期望，对比执行相机抉择和工具规则时中央银行对应的损失函数期望值，从理论层面，尝试给出"选择货币政策工具规则还是相机抉择"这一问题更为科学合理的解释。

3.2 发现中国货币政策操作问题

自 1984 年开始建立中央银行体制以来，经过 1994 年的进一步改革、《中国人民银行法》在 1995 年的颁布实施、1998 年取消对营利性金融机构贷款规模的限制，中国人民银行正逐渐过渡至现代的中央银行。

回顾过去，历史上的中国人民银行兼顾商业银行和中央银行两种身份，是一个全能银行，垄断着全国所有的金融业务。中国人民银行的贷款安排也只是作为国家投资规划的一个组成部分而存在，当时的政府文件中并未出现过"货币政策"这个专有名词。直至 1984 年，国务院决定将商业银行业务从中国人民银行中剥离出来，使其专门行使中央银行职能。由于受限于当时体制等诸多因素的束缚，中国人民银行未能很快地完成向现代中央银行的转型，然而，将 1984 年界定为中国货币政策与中央银行研究的起始点，得到了国内学术界与实务界的一致认可（李扬，2008；谢平、袁沁敬，2003）。

从实施货币政策达到的最终目标来看，长期以来，货币政策"双目标论"占主导地位，即促进经济增长与稳定通货膨胀。对货币政策实现目标最初的官方表述出现在 1986 年通过的《中华人民共和国银行管理条例》中，该条例将中央银行的责任界定为：稳定货币、发展经济和提高社会效益。严格地说，发展经济是比保持经济增长愈发宽泛的目标。在实际调控中，除了面临严重的通货膨胀，中央银行不得不进行整顿以外，大部分时期，中央银行的工作重心都是保持经济快速、健康增长。虽然当时特定的经济体制环境导致了中央银行赋予经济增长较大权重，尤其是当传统的国有企业面临预算"软约束"，且对固定资产投资需求旺盛，不过这也与货币政策目标的不清晰有直接联系。1989 年和 1993 年前后发生的两次严重的通货膨胀为我国敲响了警钟，促使国内理论界与实务界重新考虑既定的货币政策目标。1993 年 12 月 25 日，国务院颁布第二轮金融体制改革文件《关于金融体制改革的决定》，确定金融体制改革的宗旨是，更好地发挥金融在国民经济中宏观调控与优化配置资源的作用；目的是，促进国民经济持续、健康、快速发展。1995 年 3 月 18 日，《中国人民银行法》颁布实施，清晰地将货币政策的最终目标定义为"保持人民币币值稳定、促进经济增长"，这表明，中央银行的工作重心发生了一些转变，"保持人民币币值稳定"变成货币政策调控的首要目标。

从货币政策中介目标观察，以货币供应量为中介目标的货币政策操作框架逐渐形成。1994 年以前，贷款限额计划与现金发放计划是中央银行调控社会货币供给与信用总量的重要工具。1994 年 9 月，中国人民银行首次向社会公布 M_0、M_1 与 M_2 指标。1996 年，正式确定将 M_1 与 M_2 定义为货币政策的中介目标。1998 年 1 月 1 日，国有大型商业银行信贷规模指令性计划被中国人民银行取消，取而代之的是采用指导性计划，这是中央银行货币政策由直接调控转变为间接调控的重要标志（见表 3 - 1）。

表 3 - 1　　　　　　不同阶段中国货币政策调控工具与目标变迁

时间	政策工具		操作目标	中介目标	最终目标
	主要工具	辅助工具			
1979—1997 年	中央银行贷款、信贷现金计划	公开市场业务、利率、再贴现、特种存款	基础货币、贷款规模	货币供应量、贷款规模	保持人民币币值稳定、促进经济增长、稳定物价
1998—2018 年	公开市场业务、中央银行贷款、利率	存款准备金、再贴现、指导性信贷计划、窗口指导等	基础货币并监测其流动性速度	货币供应量、利率、汇率	稳定货币、促进经济增长

资料来源：1996—2018 年中国人民银行《货币政策执行报告》。

由表 3 - 1 发现，我国目前采用的仍是以货币供给量为主的政策框架。公开市场业务是主要的货币政策工具，与政策工具相对应，基础货币是中央银行短期操作目标，货币供给量是中介目标，价格稳定与经济持续均衡增长是最终目标。中国人民银行在实际操作时，并非严格地遵守预先向社会通告的货币供给量目标，而是根据实际情况不断地对目标进行调整，因此，与其说是严格的中介目标框架，还不如说是一种最终目标框架。

中央银行的货币政策调控也逐渐由"单一模式"向"混合模式"转变，

我国已经逐渐形成一般性货币政策工具为主、选择性与补充性货币政策工具为辅并存的局面[①]。迄今为止，中央银行使用的货币政策工具主要可以归纳为以下十种，分别是再贴现、利率管制、特种存款、存款准备金、公开市场业务、中央银行票据、政策性金融债、指导性贷款规划、对营利性商业金融机构和政策性金融机构的再贷款。

通过回顾1984—2018年中国人民银行的货币政策操作，对比分析中央银行在操作方向、最终目标、中介目标和操作工具选择等方面的变化，发现并归纳当前中国货币政策操作存在的问题，为后续实证研究的开展提供现实依据。

3.3 检验中国货币政策工具规则函数

单一规则是建立在对私人经济的内在稳定性具有坚定信念的基础上，主张货币政策的目标定位于为公众提供稳定的货币环境，放弃使用货币政策刺激就业和产出的目的。但随着经济总量的扩张，社会对货币的需求一定会发生波动，相应地，货币流通速度也会发生改变。单一规则"以不变应万变"，难以熨平经济周期，当遇到严重的突发性外部冲击（如经济或者金融危机）时，恪守单一规则极不明智，甚至可能会事与愿违，加剧宏观经济波动，维持货币供应量稳定只是避免经济震荡的必要非充分条件。因此，假设货币政策的设定遵循利率规则和基础货币规则：

$$i_t = \theta_1 i_{t-1} + \theta_2(\pi_t - \pi_t^*) + \theta_3(y_t - y_t^*) \qquad (3-5)$$

$$\Delta b_t = y_t^* - v + \lambda(y_{t-1}^* - y_{t-1}) \qquad (3-6)$$

公式（3-5）给出了利率规则的具体行为方程，θ_1是利率平滑因子，当$\theta_1 \neq 0$时，表示与利率平滑目标的含义相一致；当$\theta_1 = 0$时，表示不存在利率平滑问题。θ_2、θ_3分别表示通货膨胀缺口系数和产出缺口系数，当$\theta_2 > 0$、$\theta_3 > 0$表示如果通货膨胀或者产出缺口超过了目标水平，中央银行将提高利率。

公式（3-6）给出了基础货币规则的具体行为方程，式中，Δb_t代表基础货币增长率，y_t^*代表名义GDP目标增长率，v代表前一期基础货币流通速度平

[①] 一般性货币政策工具主要包括存款准备金、再贴现和公开市场业务；选择性货币政策工具是中央银行针对某些特殊经济领域或者突发情况而采用的政策工具，如消费者信贷控制、不动产信用控制和证券市场信用控制等；补充性货币政策工具是指中央银行通过道义劝告、窗口指导等工具进行货币政策操作。

均变化率，当基础货币流通速度上升时，货币需求量下降，货币供应量减少，当基础货币流通速度下降时，货币需求量上升，货币供给量增加；λ 代表基础货币增长率对名义 GDP 缺口的反应系数，表示中央银行为弥补缺口而调节货币供给的速度；$y_{t-1}^{*} - y_{t-1}$ 代表名义 GDP 缺口，是前一期名义 GDP 目标增长率与实际增长率之间的差值。

3.4 对比货币政策工具规则调控绩效

根据动态不一致性理论及其分析，可以发现货币政策工具规则优于相机抉择。事实上，存在多种货币政策工具规则和不同形式的宏观经济模型，它们之间有明显的区别，在某些方面甚至是矛盾的。在进行货币政策分析时究竟应该选择什么样的政策规则和经济模型呢？或者说，对于中央银行而言，它应该选择哪一种货币政策工具规则作为其政策制定的基准呢？这就涉及"不同货币政策工具规则之间的选择与比较"问题。

3.4.1 稳健性原则

鉴于宏观经济理论研究中未形成一个得到普遍认可的经济模型，不同学派提出的模型存在明显区别。而实施宏观经济政策的目标就是减缓经济波动、维持各项经济指标平稳健康发展，面对这种局面，或许次优的做法是考察不同货币政策工具规则在宏观经济模型中的平均表现，当面对不同冲击时，表现均不差的规则或许是一种更优的政策规则，即稳健性原则。

3.4.2 损失函数最小化原则

为了比较不同的货币政策工具规则调控效果，需要确立一个福利标准。Batini 等（2017）证明了中央银行损失函数的多期表达式与社会福利目标函数的一致性，即在二阶近似范围内通过使损失函数最小化也达到了社会福利目标函数的最大化。社会福利函数是衡量不同货币政策工具规则调控效果好坏的基准，它是由产出缺口、通货膨胀缺口等最终目标变量组成，根据菲利普斯曲线的走势，要想兼顾各个目标显然不可能，货币当局只有根据现实情况，在最终目标之间作出权衡。举例说明，价格稳定和经济持续健康增长是货币政策的两个重要目标，两者之间存在相互替代关系。货币当局既能降低经济热度以治理通货膨胀，又能提升通货膨胀水平以刺激经济增长。Taylor 和 Wieland（2016）研究发现，在短期，两者之间替代关系存在很大的不确定性，难以用加权平均来评估货币政策的长期影响，应该基于通货膨胀与产出波动性之间的替代关系来对货币政策进行评估。

因为货币政策对于目标变量的滞后效应，货币当局决策必须具有前瞻性，充分考虑即期货币政策对目标变量未来的影响。由于未来的不确定性和不完全可控性，政策目标需要预期的跨期损失函数来表示，故货币政策工具规则效果的评价标准就基于下面的跨期损失函数：

$$E_t = \sum_{i=0}^{\infty} \delta^i L_{t+i} = \sum_{i=0}^{\infty} \delta^i (\pi_{t+i}^2 + \lambda_y y_{t+i}^2) \qquad (3-7)$$

式（3-7）中，L_t 是损失函数，π_t 是通货膨胀缺口，y_t 是产出缺口，$\lambda_y \geqslant 0$ 表示损失函数中产出缺口的相对比重。当 $\delta \rightarrow 1$ 时，跨期损失函数的值接近于 t 期损失函数 L_t 的均值的无限期的总和，即

$$\sum_{k=0}^{\infty} (1-\delta)\delta^k = 1 \qquad (3-8)$$

$$E_t \left[\sum_{k=0}^{\infty} (1-\delta)\delta^k L_{t+k} \right] \rightarrow E_t(L_t) \qquad (3-9)$$

在实际操作中，贴现因子 δ 可能很接近1，尤其是待考察变量是极度数据时（Lothian，2016；Persson 等，2010），因此也可以用 $E_t(L_t)$ 代替跨期损失函数作为福利标准，公示表达式如下：

$$E_t(L_t) = \text{var}(\pi_t) + \lambda_y \times \text{var}(y_t) \qquad (3-10)$$

式（3-10）中，$\text{var}(\pi_t)$、$\text{var}(y_t)$ 分别表示通货膨胀缺口与产出缺口的方差。该损失函数表明，当通货膨胀为0且产出等于潜在产出时，社会福利达到最大。然而，稳定通货膨胀与稳定产出之间却存在替代关系，稳定产出必然导致通货膨胀波动性增大，而稳定通货膨胀则要承担更大的产出波动，中央银行须在两个目标之间作出折中和权衡，从而选取最优的波动性组合。

假设 $t = 0$ 时，实际 GDP 等于潜在 GDP，实际通货膨胀率等于货币当局既定的目标通货膨胀率。由于技术创新、需求增长等因素的推动，当面对一单位正向货币政策冲击时，经过 t 个时期的滞后，实际 GDP 将会大于潜在 GDP，经济变热，这将导致实际通货膨胀率大于目标通货膨胀率，此时，货币当局应采取紧缩性货币政策，降低实际通货膨胀率，使其回归至目标区间，实际 GDP

也会缓慢回落至潜在水平；如果中央银行大幅提高短期利率，虽然通货膨胀率会很快回落至目标区间，但经济将会减缓甚至陷入衰退。与后一种政策相比，前一种政策可以使实际 GDP 更加稳定，但通货膨胀的波动性增加了。Taylor 把描述产出波动性与通货膨胀波动性之间的这种长期替代关系描述为"Taylor 曲线"（见图 3-1）。

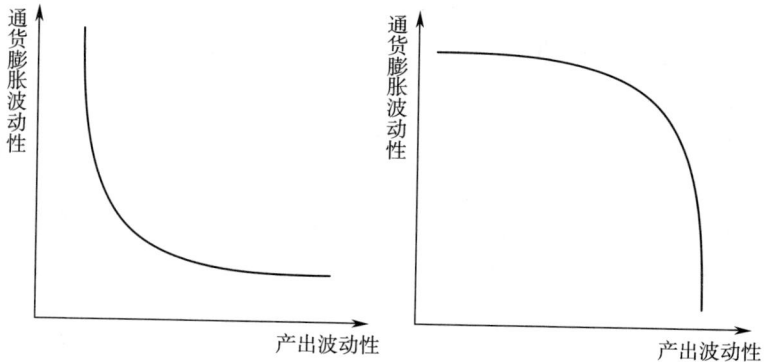

图 3-1 Taylor 曲线

经济结构、方差冲击与货币政策行为共同决定了 Taylor 曲线在坐标系中的具体位置，中央银行损失函数中 λ_y 的不同值对应着曲线上的不同点，代表着货币当局在"价格稳定"与"保持经济增长"之间的不同组合。当沿着曲线由左向右移动时，意味着降低了通货膨胀的波动但增加了产出的波动，即通货膨胀回落至目标区间所消耗的时间更短。

第二篇

理论篇

4 工具规则优于相机抉择的理论前提（Ⅰ）：货币非中性

自 17 世纪以来，关于货币性质问题的争论已近 400 年的历史，从威廉·配第、约翰·洛克、亚当·斯密、萨伊、约翰·斯图亚特·穆勒到约翰·罗、马克思、魏克塞尔、凯恩斯、汉森、萨缪尔森、托宾、弗里德曼、卢卡斯等，就认识的演进而言，大致经历了"货币中性论""货币中性论"与"货币非中性论""货币非中性论"三个阶段。中外经济学界之所以对货币政策工具规则的有效性产生如此大的分歧，主要原因在于对货币政策工具规则赖以发挥作用的理论前提即"货币的性质"缺乏共识。为此，从源头上全面系统地梳理货币性质认识方面的学术文献并寻求其历史启示，就具有十分重要的理论价值与现实意义。

4.1 货币性质的定义

围绕货币的性质是中性还是非中性，英国著名货币理论家劳伦斯·哈里斯首次对其进行了标准的定义："如果在由名义货币供给变动所引起的最初均衡破坏之后，新的均衡是在所有的实际变量的数值和货币供给变动之前相同时而达到，货币就是中性的。当模型不能满足这些条件时，货币就是非中性的。"

对于哈里斯的货币中性和货币非中性的定义，可作如下解释：（1）若货币供给变动（增加或减少），并不改变实际经济变量，如投资、消费、产出和收入等，只引起价格水平的同比例变动，货币就是中性的；（2）若货币供给变动（增加或减少），改变了实际经济变量如投资、消费、产出和收入（无论增加或减少）等，货币就是非中性的。在哈里斯定义的基础上，具体梳理学术界对货币性质认识的演进过程。

4.2 货币性质的历史演进

4.2.1 货币中性论

（1）威廉·配第的"货币脂肪观"

威廉·配第（1623—1687 年）是英国著名的经济学家、统计学家、古典政治经济学的创始人。配第在《献给英明人士》一书中提出了著名的"货币脂肪观"，他认为："货币不过是国家的脂肪，如其过多，就会使国家不那么灵活行事；如果其过少，也会使国家发生毛病。推动一国商业，需要一定数量和比例的货币，过多或者过少都对商业有害。"配第的"货币脂肪观"其实就是"货币数量论"的雏形，货币仅扮演流通手段的角色。

基于此，配第在《政治算术》一书中提出了"货币供求理论"，首次围绕影响货币需求的因素进行了系统性讨论，分别是：第一，货币存量；第二，货币增量；第三，客观的货币需求量；第四，货币的流通结构；第五，货币的发行保证。

（2）约翰·洛克的"货币齿轮观"

约翰·洛克（1632—1704 年）是英国著名的经济学家和唯物主义哲学家，洛克在《论降低利息和提高货币价值的后果》一书中，提出了著名的"货币齿轮观"，他认为："贸易之所以需要一定比例的货币，是因为货币在其流通过程中推动着许多贸易的齿轮，货币起计算作用是由于它的印记和面值，它起保证作用是由于它的内在价值，也就是它的数量。"

（3）亚当·斯密的"货币功能观"

亚当·斯密（1723—1790 年）是英国著名的经济学家、哲学家、作家，斯密在《国民财富的性质和原因的研究》一书中，多次讨论了货币的功能。他提出：货币是流通的大轮毂，是商业的大工具。"有了它，社会上的生活必需品、便利品、娱乐品，才得以适当的比例，经常地分配给社会上各个人。但它是非常昂贵的工具。这昂贵工具的维持，必须费去社会上一定数量极有价值的材料即金银和一定数量极其精巧的劳动，使其不能用来增加留供目前消费的资财，即不能用来增加人民的生活必需品、便利品和娱乐品。""流通中的金币银币，可与通衢大道相比。通衢大道，能使稻麦转运到国内市场，但它本身却不产稻麦。慎重的银行活动，以纸币代金银，比喻得过火一点，简直有些像驾空为轨，使昔日的大多数通衢大道，化为良好的牧场和稻田，从而，大大增加土地和劳动的年产物。"无论是"大轮毂""大工具"，还是"通衢大道"，均反映了亚当·斯密已深刻认识到了货币在国民经济中所起的流通手段职能。"货币就在这种情况下，成为一切文明国商业上的通用媒介。通过这一媒介，一切货物都能进行买卖，都能相互交换。"

在对货币作为流通职能认识的基础上，亚当·斯密进一步发现了"纸币发行对于促进经济增长的作用"，他认为："如果以纸币代替，流通中需要的金银量减少到等于原来的五分之一，那么，其余那五分之四，若有大部分是加在维持产业的基金内，那当然会大大增加产业的数量，因而会大大增加土地和劳动的年产物的价值。"

然而，亚当·斯密对于纸币的发行仍然保留着客观的态度，他提出："以纸币代替金银币，可以说是以低廉得多的一种商业工具，代替另一种极其昂贵的商业工具，但其便利，却有时几乎相等。有了纸币，流通界无疑使用了一个新轮，它的建立费和维持费，相比旧轮，都轻微得多，但它怎样做流通的轮毂，怎样可增加社会总收入或纯收入呢，个中理由，人们还不甚明了，所以需要进一步的说明。""我们又必须承认，有了这种设施，国内工商业，固然略有增进，但用比喻说，和足踏金银铺成的实地相比，这些由纸币的飞翼飘然吊在半空，是危险得多的。管理纸币，若不甚熟练，不用说了，即使熟练慎重，恐仍会发生无法制止的灾祸。"

（4）让·巴蒂斯特·萨伊的"货币中性论"

让·巴蒂斯特·萨伊（1767—1832 年）是法国著名的经济学家、古典自由主义者，是支持"货币中性论"的最著名的代表人物之一。萨伊在《政治经济学概论》一书中提出："货币只是一种交换媒介，产品最后是要用产品来购买的。在以产品换钱、钱换产品的两道交换过程中，货币只是一瞬间起作用。当交易最后结束时，我们将发觉交易总是以一种货物换另一种货物。""既然一种产品总是用另一种产品购买的，而作为购买手段的这另一种产品又是在生产领域产生的。"因此，萨伊认为："是生产给产品创造需求，一种产品一经产出，从那时刻起就给价值与它相等的其他产品开辟了销路。"这就是著名的"萨伊定理"。

诚然，在物资相对匮乏的实物经济条件下，萨伊定理是正确的；但是，在货币经济条件下，萨伊定理就暴露出了它的局限性，它不但混同了简单商品流通（$W-G-W$）和资本流通（$G-W-G'$），而且进一步将简单商品流通等同为直接的物物交换（$W-W$），这才得出了"供给创造需求"的结论。

（5）约翰·斯图亚特·穆勒的"货币机械观"

约翰·斯图亚特·穆勒（1712—1780 年）是英国著名的经济学家、哲学家和心理学家，他在《政治经济学原理及其在社会哲学上的若干应用》一书中，提出了"货币机械观"，认为："在社会经济中，货币从本质上来说是最无意义的；它的意义之在于它具有节省时间和劳动的特性。它是一种使人办事迅速和方便的机械，没有它，要办的事仍可办到，只是较为缓慢，较为不便。它像其他许多机械一样，只是在发生故障时，才会发挥它自己的显著而独特的影响。"

（6）罗比特·卢卡斯的"政策无效性命题"

罗比特·卢卡斯（1937—　）是美国著名的经济学家、理性预期学派的代表人物之一，获得 1995 年诺贝尔经济学奖。他提出："当扩张性货币政策反复推行时，它不再能实现自己的目标。推动力消失了，对生产没有刺激作用，期望生产能扩大，但结果却是通货膨胀，而不是别的。"这就是著名的"政策无效性命题"。易知，以卢卡斯为代表的理性预期学派强烈主张国家对经济生活的干预应减少到必不可少的最低限度，强调完全竞争的市场机制在调节经济运行中的重大功能，对政府制定的政策持消极否定态度，货币政策自难例外。

事实上，理性预期学派是从货币主义学派中分化出来的，它是沿着货币主义的思路、尤其是以弗里德曼关于资本主义经济本身具有强有力的自动稳定趋势这一思路延伸的，以"动态分析"与"理性预期假说"为主要特征而与古典经济学分流，因此，理性预期学派又被称为"货币主义第二代"或者"新古典宏观经济学派"。如果说，以弗里德曼为代表的货币主义学派还肯定总需求政策的话，那么，卢卡斯的"政策无效性命题"连总需求政策的短期效应也否定掉了。

4.2.2　货币中性与货币非中性论

20 世纪 60 年代末期开始，美国的通货膨胀日益剧烈，特别是 1973—1974

年在所有发达西方国家出现的剧烈的物价上涨与高额的失业同时并存的"滞胀"现象，凯恩斯主义理论无法作出解释，更难提出对付这一进退维谷处境的对策，于是货币主义学派开始流行起来，并对美英等国的经济政策产生了重要影响。

米尔顿·弗里德曼（1912—2006 年）是货币主义学派的主要代表人物之一，他认为："在短期内，货币供应量的变化主要影响产量，部分影响物价，但在长期内，产出量完全是由非货币因素（如劳动和资本的数量，资源和技术状况等）决定的，货币供应只决定物价水平。"显而易见，弗里德曼持有"货币短期非中性、长期中性"的主张。

同时，弗里德曼提出："经济体系本质上是稳定的，只要让市场机制充分发挥其调节经济的作用，经济将能在一个可以接受的失业水平条件下稳定发展，凯恩斯主义调节经济的财政政策和货币政策不是减少了经济的不稳定，而是加强了经济的不稳定性。"因此，弗里德曼强烈反对国家干预经济，主张实行"单一规则"的货币政策，即将货币存量作为唯一的政策工具，由政府公开宣布一个在长期内固定不变的货币增长率，这个增长率（如每年增加3% ~ 5%）应该是在保证物价水平稳定不变的条件下与预计的实际国民收入在长期内的平均增长率相一致。

4.2.3 货币非中性论

在经济学说史中，货币非中性论与货币中性论一样源远流长。货币非中性论认为，市场始终处于非均衡状态，因此货币数量的变动不仅会引起物价水平的变动，而且会对诸如消费、投资与产出等经济变量产生实质性影响。支持货币非中性论的代表人物有：约翰·罗、卡尔·马克思、克努特·魏克塞尔、约翰·梅纳德·凯恩斯、阿尔文·汉森、詹姆士·托宾等。

（1）约翰·罗

约翰·罗（1671—1729 年）是 18 世纪英国资产阶级经济学家和财政金融家，信用创造理论的创始人。约翰·罗在《论货币和贸易——兼向国家供应货币的建议》一书中多次讨论了货币对经济的非中性作用。他提出："国家的实力和财富，是由人口和国内外货物的储存量构成的。人口和货物储存量依赖于贸易，而贸易又依赖于货币。由此可见，要比其他国家富强，就要比其他国家拥有更多的货币，因为倘若没有货币，法律再好也不能使人得到雇用，也不能使农业、制造业和贸易得到发展。""增加货币可以增加国家拥有的价值。"因此，约翰·罗认为，货币是非中性的，它不仅可以通过推动贸易来提高就业和促进农业、制造业的发展，而且可以增加国家拥有的财富。那么，如何增加货币呢？约翰·罗指出："利用银行来增加货币，是迄今所采用的最好的方法。"

在此基础上，约翰·罗在《关于货币的考察》一书中，更是创新性地把信用和货币联系在了一起，他认为："信用是必要的，而且是有用的。信用量的增加与货币量的增加有同样的效果，即它同样能创造财富，繁荣商业。""通过银行进行的信用创造，在一年内增加货币量比从事十年贸易所增加的多得多。信用为什么具有如此奇妙的作用呢？这是因为，只是货币充裕，就能导致繁荣；只是信用设施，就能供应充裕的货币，给经济界以最初的冲击；依靠这种冲击，就能为法国创造大量的财富。"由此可见，约翰·罗的分析逻辑是：货币是非中性的，货币供应需要通过信用渠道来实现，要增加社会信用就必须创办银行。

（2）卡尔·马克思

卡尔·马克思（1818—1883 年）是德国著名的思想家、政治学家、哲学家、经济学家、革命理论家和社会学家，全世界无产阶级和劳动人民的革命导师，也是人类历史上最杰出的经济学家之一，在其巨著《资本论》中，马克思多次对"货币非中性论"给予了肯定，具体表现在以下三个方面：

第一，批判萨伊定理。马克思认为："任何一门科学都不像政治经济学那样，流行着拿浅显的普通道理来大肆吹嘘的风气。例如，让·巴蒂斯特·萨伊由于知道商品是产品，就断然否定危机。""有一种最愚蠢不过的教条：商品流通必然造成买和卖的平衡，因为每一次卖同时就是买，反过来也是一样。"

第二，指出商品流通的内在矛盾。"商品内在的使用价值和价值的对立，私人劳动同时必须表现为直接社会劳动的对立，特殊的具体的劳动同时只是当作抽象的一般的劳动的对立，物的人格化和人格的物化的对立，这种内在的矛盾在商品形态变化的对立中取得了发展的运动形式。因此，这些形式包含着危机的可能性，但仅仅是可能性。"

第三，提出"货币是企业生产的第一推动力和持续的动力"的著名论断。

"资本主义的商品生产——无论是社会的考察还是个别的考察——要求货币形式的资本或货币资本作为每一个新开办的企业的第一推动力和持续的动力。"黄达教授对马克思的这一观点给予了积极的评价，他认为："马克思提出第一推动力的说法，认为再生产扩张的起点是企业对实际生产资料和劳动力的购买。如果企业没有足够的货币，或不存在订货刺激即需求的牵引，即使客观上存在可以利用的资源，再生产规模的扩张也无从实现。"

（3）克努特·魏克塞尔

克努特·魏克塞尔（1851—1926 年）是瑞典学派的创始人，他试图将货币与实际经济结合起来，并与 20 世纪初提出了"累积过程理论"，即"货币经济理论"，对包括凯恩斯在内的经济学家产生了巨大的影响。

魏克塞尔是主张货币非中性的，并在《国民经济学讲义》一书中具体分析了货币对社会经济的积极作用和消极作用，他认为："人们往往喜欢用一些比喻以具体地说明货币的性质和职能。在许多比喻中，将货币比作机油的说法，以几个观点来看都是极为恰当的。机油本来不是机器的任何部分，既不是原动力，也不是零件；一台完整的机器，只需涂一点机油就够了，但这样单纯化的比喻也不过是姑且的说法而已。经济学家在这一点上往往趋于极端，即他们往往不顾及货币在实际上所起的作用如媒介交换、投资和资本转移等，而总是将其抽象后所演绎出来的经济规律直接适用了货币起着作用的现实情况。货币的使用（或滥用）事实上对于实物交换和资本交易起了强烈的影响。由于货币，例如政府货币的发行，可能破坏巨额的实物资本，将可能使整个经济生活陷入绝望的混乱，并且这一类事情在实际上已不知发生过多少次了。但对于货币与信用，若能合理地加以利用，则也能促进实物资本的形成和全部生产的增加。当然，这并不是说货币与信用本身是实物资本或可以代替实物资本，而是说通过货币和信用，可以限制现在的消费，换言之，即可诱发或强制——这种强制虽然不是无条件的好——人们的储蓄，借以促进实物资本的现实的增加。"

（4）约翰·梅纳德·凯恩斯

约翰·梅纳德·凯恩斯（1883—1946 年）是英国著名经济学家，现代经济学最有影响的经济学家之一，因开创了"凯恩斯革命"而称著于世，被后人称为"宏观经济学之父"，他创立的"宏观经济学"与弗洛伊德所创的"精神分析法"和爱因斯坦发现的"相对论"一起并称为 20 世纪人类知识界的三大革命。

凯恩斯在《就业、利息和货币通论》第二章《经典学派之前提》中，对萨伊定理和支持萨伊定理的约翰·斯图亚特·穆勒、阿尔弗雷德·马歇尔、阿瑟·塞西尔·庇古等新古典学派的经济学家进行了批判，坚持货币是非中性的。他认为："从萨伊及李嘉图以来，经典学派都说供给会自己创造自己的需求。他们用这句话，大概是说，全部生产成本，必然直接间接用在购买该产物上，不过他们没有说清楚，这句话到底是什么意思。""当代经济学家，也许要踌躇一下，不能同意穆勒，但是以穆勒学说为前提的许多结论，他们却毫不犹豫地接受。以庇古教授为例，他相信除了引起若干摩擦阻力外，有没有货币没有多大的差别；像穆勒一样，经济学家可以根据实物交换情形，完成生产论和就业论，然后再敷衍塞责引入货币，这就是经典学派传统之现代说法。战后经济学家，很少能始终保持这个观点，但还不敢充分接受由此所产生的后果，所以没有修改其基本学说。"

在第十二章《物价论》中，凯恩斯集中批判了传统的"两分法"，提出："经济学家在讨论所谓价值论时，总说物价决定于供需情况；边际成本以及短期供给弹性，尤占重要地位。但当另行讨论所谓货币与物价论时，我们恍如进了另一世界，代之而起的，是说决定物价者乃是货币之数量、货币之所得流通速度、流通速度与交易额之比、通货膨胀或紧缩，诸如此类；简直没有人想把这些空泛名词和以前供需弹性等观念联系起来。假使我们把人家传授给我们的东西回想一下，并设法使其合理化，则简单的讨论中，似乎是假定供给弹性必等于零，需求必与货币数量成比例；但到复杂一些的讨论中，我们简直如坠云里雾中，什么也看不清楚，什么都可能。""我以为把经济学分为两部分，一部分是价值论与分配论，另一部分是货币论，实在是错误的分法。我以为正确的两分法应当是：一方面是关于一厂或一业之理论，研究如何把一特定量资源分配于各种用途，其报酬为如何等；另一方面是适用于社会全体的产量论及就业论，这就需要一个关于货币经济之全盘理论。"

在第十三章《利率通论》中，凯恩斯旗帜鲜明地肯定了货币对宏观经济的刺激作用，他指出："我们把货币引入因果关系中是创举，货币是一种饮料，可以刺激经济体系，促其活动。"虽然凯恩斯肯定货币对宏观经济的刺激作用，但是在1929—1933年大萧条的背景下，凯恩斯对货币发挥刺激作用的条件仍然保持着客观、理性的认识："设其他情形不变，则增加货币数量可以降低利率，但设公众之灵活偏好比货币数量增加得更快，则利率不会降低。假设其他情形不变，则降低利率可增加投资量，但设资本之边际效率比利率下降得更快，则投资量不会增加。设其他情形不变，则增加投资量可增加就业量，但设消费倾向也下降，则就业量未必增加。最后，若就业量增加，则物价将上涨；其上涨程度，一部分定于生产函数之形状，另一部分须看工资单位是否上涨。产量既增，物价既涨，则又转而影响灵活偏好，故如欲维持一特定利率，则必须再增加货币。"在对货币非中性认识的基础上，凯恩斯主张中央银行降低利率、扩大货币供给量、实施廉价的货币政策："有效储蓄之数量乃定于投资之数量，而在充分就业限度以内，鼓励投资者乃是低利率。""故要挽救经济繁荣，其道不在提高利率，而在于降低利率。"

（5）新古典综合派的货币非中性观点

新古典综合派又称"美国剑桥学派""后凯恩斯主义学派"，它是将马歇尔为代表的新古典经济学与凯恩斯主义经济理论综合在一起。核心思想是在采取凯恩斯主义的宏观财政政策和货币政策来调节经济活动，使经济能避免过度的繁荣或萧条而趋于稳定的增长。特色在于将凯恩斯的就业理论同马歇尔为代表的新古典经济学的价值论和分配论组合为一体，组成一个集凯恩斯宏观经济学和马歇尔微观经济学之大成的经济理论体系。其先驱者为美国经济学家阿尔文·汉森，主要代表人物有：詹姆士·托宾、保罗·萨缪尔森、罗伯特·索洛、阿瑟·奥肯等。

阿尔文·汉森继承了凯恩斯的货币非中性论观点，并进一步发现货币政策具有非对称性。他指出："货币武器确实可以有效地用于制止经济扩张。20世纪30年代的经济萧条所提供的充分证据表明，恢复经济增长仅仅靠廉价的货币扩张是不充分的。""与财政政策和其他政策结合在一起，货币政策便可以在帮助经济趋于更加稳定上起重要作用。""一个适当的货币供给是经济扩张的必要条件，而不是充分条件。"因此，阿尔文·汉森认为货币政策调控具有治理通货膨胀的强效应和治理通货紧缩的弱效应。詹姆士·托宾也断言："现在几乎没有一个人会认为货币无关要紧、货币政策与名义国民生产总值无关。在美国，标准的凯恩斯学说，至少从1950年以来，便认为货币是具有重要作用的。至少从1951年签订了财政部——联邦储备系统协议以来，政府就已根据这种看法制定政策了。"保罗·萨缪尔森更是自负地指出："经济科学已经知道如何使用货币政策和财政政策来使衰退不致滚雪球式地变成一次持续而长期的不景气。如果马克思主义者等待资本主义在最后一次危机中崩溃，那么，他们是白等了。我们已经吃了智慧之果，不管怎么样，不会回到自由放任的资本主义制度。"详见表4-1。

表4-1 学术界关于货币性质的主要观点

货币的性质	代表人物	主要观点
货币中性论	威廉·配第	货币脂肪观 货币不过是国家的脂肪，如其过多，就会使国家不那么灵活行事；如果其过少，也会使国家发生毛病。推动一国商业，需要一定数量和比例的货币，过多或过少都对商业有害。
	约翰·洛克	货币齿轮观 贸易之所以需要一定比例的货币，是因为货币在其流通过程中推动着许多贸易的齿轮，货币起计算作用是由于它的印记和面值，它起保证作用是由于它的内在价值，也就是它的数量。
	亚当·斯密	货币功能观 货币是流通的大轮毂，是商业的大工具。
	让·巴蒂斯特·萨伊	货币中性论 在以产品换钱、钱换产品的两道交换过程中，货币只是一瞬间起作用。在交易最后结束时，我们将发觉交易总是以一种货物换另一种货物。
	约翰·斯图亚特·穆勒	货币机械观 在社会经济中，货币从本质上来说是最无意义的；它的意义只在于它具有节省时间和劳动的特性。它是一种使人办事迅速和方便的机械，没有它，要办的事仍可办到，只是较为缓慢，较为不便。它像其他许多机械一样，只是在发生故障时，才会发挥它自己的显著而独特的影响。
	阿瑟·塞西尔·庇古	货币面纱观 货币是覆盖在实体经济上的一层面纱，除了引起若干摩擦阻力外，有没有货币，没有多大差别。
	罗伯特·卢卡斯	政策无效性命题 当扩张性货币政策反复推行时，它不再能实现自己的目标。推动力消失了，对生产没有刺激作用，期望生产能扩大，但结果却是通货膨胀，而不是别的。

续表

货币的性质	代表人物	主要观点
货币中性 与货币 非中性论	米尔顿·弗里德曼	坚持货币短期非中性、长期中性 一方面，在短期内，如 5～10 年，货币变动会主要影响产出；另一方面，在几十年间，货币增长率则主要影响价格。
货币 非中性论	约翰·罗	国家的实力与财富，是由人口和国内外货物的储存量构成的。人口和货物储存量依赖于贸易，而贸易又依赖于货币。由此可见，要比其他国家富强，就要比其他国家拥有更多的货币，因为倘若没有货币，法律再好也不能使人得到雇用，也不能使农业、制造业和贸易得到发展。增加货币可以增加国家拥有的价值。
	卡尔·马克思	批判萨伊定理，认为货币是企业生产的"第一推动力和持续的动力"。
	克努特·魏克塞尔	货币的使用（或滥用）事实上对于实物交换和资本交易起了强烈的影响。但对于货币与信用，若能合理地加以利用，则也能促进实物资本的形成和全部生产的增加。当然，这并不是说货币与信用本身是实物资本或可以代替实物资本，而是说通过货币和信用，可以限制现在的消费，换言之，即可诱发或强制——这种强制虽然不是无条件的好——人们的储蓄，借以促进实物资本的现实的增加。
	约翰·梅纳德·凯恩斯	有效储蓄之数量乃决定于投资之数量，而在充分就业限度以内，鼓励投资者乃是低利率。故我们最好参照资本边际效率表，把利率降低到一点，可以达到充分就业。故要挽救经济繁荣，其道不在于提高利率，而在于降低利率，后者也许可以使繁荣延长下去。补救商业循环之良方，不在于取消繁荣，使我们永远处于半衰退状态；而在于取消衰退，使我们永远处于准繁荣情况。
	阿尔文·汉森	货币武器确实可以有效地用来遏制经济扩张。20 世纪 30 年代的经济萧条所提供的充分证据表明，恢复经济增长仅仅靠廉价的货币扩张是不充分的。
	詹姆士·托宾	现在几乎没有一个人——当然也没有一个新经济学的实践者或支持者——会认为货币无关紧要，货币政策与名义国民生产总值无关。在美国，标准的凯恩斯学说，即我前面所说的新古典综合派，至少从 1950 年以来，也就是远在货币主义兴起之前，便认为货币是具有重要作用的。至少从 1951 年签订了财政部——联邦储备系统协议以来，政府就已根据这种看法制定政策了。
	保罗·萨缪尔森	经济科学已经知道如何使用货币政策和财政政策来使衰退不致滚雪球式地变成一次持续而长期的不景气。

4.3　本章小结

相对而言，"货币非中性论"更接近真理，原因在于：

第一，货币均衡是相对的和暂时的，而货币非中性是绝对的和经常的。美国经济学家加尔布雷斯曾经说过："历史上，货币一直这样困扰着我们：要么很多却不可靠，要么可靠但却稀缺，二者必居其一。"我国著名经济学家黄达教授也指出："在金属货币流通时，货币金属不足曾是经济生活中的主要矛盾。如中国唐代中期的'钱荒'、南北宋的'钱荒'和明清之际的'银荒'，都对当时经济生活有重大影响。在货币金属供给不足的背景下，中国出现过'交子'，出现过全国性的纸币流通。但真正突破金属货币供给有限的桎梏的，是现代信用体系货币创造机制的形成和不断发展。一般地说，不愁货币供给不足了，但如何才能使货币供给符合经济发展的客观需要则成为仍在不断研究的课题。"易知，加尔布雷斯从货币供求非均衡角度论证了货币非中性命题，黄达教授则从中国货币流通的经验事实阐述了货币供求的非均衡，从而也论证了货币非中性，其共同点是：承认货币对社会经济生活产生重要影响，货币的性质是非中性。

第二，二级银行体制的普遍存在。现如今，世界上大多数国家均实行二级银行体制，即以中央银行为领导（负责发行和管理货币）、商业银行为主体、多种金融机构并存的分工协作的银行体系。二级银行体制的存在就表明，货币在经济生活中的作用不是中性而是非中性，Friedman 就曾经指责由于美联储的不当干预加深了世界经济衰退，可谓货币非中性的反面例证。

第三，"混合经济"时代国家干预经济运行。当今社会中没有一个社会能够完全处于纯粹的"自由放任"或者"指令经济"状况。恰恰相反，所有的社会均是既带有"市场成分"和"指令成分"的"混合经济"。因此，国家对经济的干预也是在情理之中，而国家干预经济运行最有效的工具就是财政政策与货币政策，财政政策是通过改变投资和消费直接地影响总需求；货币政策是通过调节货币供应量改变利率，进而间接地影响总需求，但两大宏观经济政策均通过社会流通中的货币量对经济进行干预，即货币在现代混合经济中从来就不是中性的，而是对经济产生正面或者负面影响。

5 工具规则优于相机抉择的理论前提（Ⅱ）：货币供给的内外共生性

货币供给理论研究的基本任务是要厘清货币供给的决定机制和变动规律，进而为中央银行的货币政策操作实践服务。纵观货币理论发展的历史长河，货币供给内生性或外生性的争论从来就没有间断过：货币数量论的倡导者约翰·洛克和大卫·休谟提出"货币外生观"，以大卫·李嘉图为代表人物的通货学派继承了前者的观点，以费雪方程式、现金余额数量说和剑桥方程式为核心思想的近代货币数量论也支持货币供给外生论的观点；尽管凯恩斯经历了《货币论》中"货币供给内生性"到其《就业、利息和货币通论》中"货币供给外生性"思想的转变，但新古典综合派和新剑桥学派的货币理论明确认为货币供给是内生的，并且将货币供给内生性理论的研究不断推向深化。那么，货币供给究竟是内生变量还是外生变量？只有正确认识该问题，才能准确评价货币当局在宏观经济调控中的作用，明晰货币政策工具规则的有效性和局限性。

5.1 货币供给内生性与外生性的定义

货币供给是某国或货币区的银行系统向经济体中投入、创造、扩张（或收缩）货币的金融过程，它的主要内容包括：货币层次的划分、货币创造过程和货币供给的决定因素等。

货币供给的内生性是指货币供给量是由经济因素内在的规律所决定，具有客观性，起决定作用的是经济体系中如消费、投资、收入等因素，这些因素影响微观经济主体的经济行为和决策，从而影响货币的派生过程，货币供应取决于宏观经济运行本身，而不是取决于中央银行的主观判断。

货币供给的外生性是指货币供给量完全由中央银行主观意愿决定的外生变量，而与经济运行过程及其内部的影响因素无关。如果承认货币供给的外生性，那么中央银行就能够有效地通过对货币供给的调节影响经济过程。

5.2 货币供给的历史演进

5.2.1 货币供给内生论

詹姆斯·斯图亚特·穆勒（1773—1836 年）最早提出了货币供给内生性的萌芽思想，他认为："无论如何，一国的流通只能吸收一定量的货币。""不论一国的金属货币增减到什么程度，商品仍然会依照需求和竞争的原则涨跌，而需求和竞争总是决定于那些握有财产或某种可以给付的等价物的人的意图，而不是决定于它们所拥有的铸币数量。"换而言之，在商品交易量一定的前提下，流通所需的货币量相应地为一定值，因此，商品价格决定着流通中的货币量。

亚当·斯密（1723—1790 年）也支持穆勒的观点，提出："无论在哪一个国家，每年买卖的货币的价值要求有一定数量的货币来把货物流通和分配给真正的消费者，但不能使用超过必要的数量。国内流通的货物既已减少，为流通货物所必需的货币也必然减少。""在一国财富增加时，在该国劳动年产物逐年增大时，这更大量商品的流通，就需要有更大量的通货。"不仅如此，亚当·斯密还对货币的创造过程进行了开拓性的研究，极力提倡纸币对金属货币的替代，提出："有了纸币，流通界无异使用了一个新轮，它的建立费和维持费，比较旧轮，都轻微得多。"

银行学派的代表人物托马斯·图克（1774—1858 年）指出："商品的价格不取决于由银行券的数量所表示的货币数量，也不取决于全部流通媒介的数量。与此相反，流通媒介的数量是物价的结果。""若一国的交易需要较多的交换手段，则较多的银行券便会停留于流通界，所以通货数量的增多乃交易增加和物价上涨的结果，而绝非其原因。"因此，银行学派明确认为货币数量是由社会交易的商品价格总额决定。

凯恩斯（1883—1946 年）对货币供给的认识经历了内生性到外生性的转变，在《货币论》一书中，凯恩斯基于债务视角提出货币供给内生性的观点，他认为，货币与企业债务具有很大的相似，而银行可以通过扩大自身债务的方式来适应企业的信贷需求。货币是和债务一起诞生的，而债务是延期支付的契约，因此货币、债务与生产联系紧密。银行除了接收人们以现金的方式或授权转移其他银行存款通知的方式创造"消极存款"外，还可以通过为自己建立债权的方式创造"积极存款"。只要经济正常运行，银行安全创造信用的能力是没有止境的。除此之外，凯恩斯还指出，在存款准备金制度下，中央银行并不能完全控制银行准备金及其存款的数量，而只能决定贴现率。"假定中央银行就是钞票发行当局，那么只要中央银行能控制其钞票发行与存款总量，会员银行的准备基金总量便在其控制之下。中央银行本身所造成的存款可能由法律或风俗习惯规定不得由其自由控制，这时我便可以把这种体系称为'自动体系'。最后，会员银行本身也可能有一些权力，可以随意增加其中央银行存款量，或增加其从中央银行钞票发行部门所取得的钞票量。"易知，凯恩斯在《货币论》中得出的结论是货币的很大程度上是内生扩张的，在贷款需求的情况下，银行可以通过贷款来创造存款，进而实现信贷和货币供给的扩张。

"新古典综合派"的主要代表人物詹姆士·托宾（1918—2002 年）对凯恩斯早期的思想进行了肯定，他认为，在现代竞争性的金融环境背景下，货币与其他资产、商业银行与其他金融媒介之间的区别已日渐消失，货币供应量越来越多地决定于经济过程的内部变动，成为内生变量。公众的货币需求取决于资产选择偏好，而商业银行和其他金融机构的基本职能之一，就是满足借贷双方的资产偏好，使金融机构的贷款利率等于它支付给债权人的边际利率。随着金融机构间竞争的不断加剧和资产选择形式的多样化，一方面，商业银行的资产负债规模要受到公众资产偏好及银行的贷款、投资机会的影响；另一方面，非银行金融机构的存款创造能力也会随着其资产负债活动的扩张而提高。由此可见，银行与非银行金融机构的存款创造方面已无实质区别，仅存在程度上的差异而已。银行与非银行金融机构的存款创造能力取决于公众的资产偏好和资产选择结构，而公众的资产偏好和资产选择又在很大程度上受社会经济活动和经济环境的影响。在经济繁荣时期，非银行金融机构存贷款条件相对优厚，使公众在银行的存款向非银行金融机构流动，与此同时，银行的贷款投资机会也会被非银行金融机构分割相当一部分。银行与非银行金融机构的货币创造能力会出现此消彼长的变化，由于统属关系的原因，非银行金融机构的货币创造能力是货币当局难以控制的。

在此基础上，托宾对弗里德曼的货币供给公式进行了批判，提出不应该把

货币供给 M_s 当成高能货币 H、"存款—通货比率"（D/C）和"存款—准备金比率"（D/R）之间的固定函数，这三个变量及其决定因素之间存在着交叉影响关系，它们常常随着经济环境的变化而变化，因此不应被当成货币供给方程式中的固定参数。如"存款—通货比率"反映了公众对银行的信任程度和存款偏好状况，若公众对银行的信心动摇，就会减少存款而增加对通货的持有量，"存款—通货比率"就会大为降低；如果出现了恰好相反的情况，该比率也会提高。"存款—通货比率"并非始终处于稳定状态，经常会随着经济周期的波动而波动，通常情况下，经济繁荣会增加通货需求，使"存款—通货比率"在经济活动达到峰值前便开始下降；经济衰退时会减少通货需求，使"存款—通货比率"在经济活动降至谷底前便开始回升。"存款—通货比率"与经济周期呈现反方向变动，而且利率结构变动对公众在存款与非货币金融资产之间的选择行为也有重要影响，使"存款—通货比率"变动更加难以控制，因此，货币供给的外生论观点难以成立。不仅如此，托宾通过明晰"存款—准备金比率"的变动机制再次验证了货币供给的内生论观点。在市场经济条件下，盈利率、风险偏好程度与利率结构是影响商业银行超额准备金比率变动的重要决定因素，这在经济衰退期间表现得尤为明显。因为经济衰退将导致金融机构对安全的短期资产需求增加，使短期债券价格上涨，利率下降。当利率极低，货币当局通过公开市场业务购买国库券就像用现金购买现金一样，对降低利率、刺激投资难以发挥作用。此时，高能货币与"存款—准备金比率"之间呈现明显的反向变动关系，即高能货币越多，金融机构对超额准备金的需求越大，"存款—准备金比率"越低，从而使中央银行通过调节基础货币影响货币供应量的政策完全失效，故货币供给是内生变量。

然而，托宾并没有完全否定中央银行在控制货币供给中所发挥的作用，他指出，即使忽略非金融机构资产负债业务变动对商业银行的货币创造效果，中央银行对基础货币的调节仍然在整个货币创造过程中起着至关重要的作用。只不过由于货币与其他资产的替代作用会在一定程度上削弱中央银行的调控效果，货币自然而然也不是游离于真实经济活动之外的外生变量。

"新剑桥学派"的代表人物尼古拉斯·卡尔多（1908—1986 年）同样也表达了货币供给内生性的观点。他认为中央银行的基本职能是保证金融部门的偿付能力，中央银行不能拒绝为提交给它的"合法票据"贴现，如果它这样做了，即如果它每天或者每周打算贴现的票据确定了一个固定的数量限制，中央银行就不能履行其作为银行体系中最后贷款人的职能。而这一职能对于确保清算银行不致因缺乏流动性而丧失偿付能力是极为重要的。正是因为货币当局不能接受银行体系崩溃这一灾难性后果，在"信贷—货币经济"中，货币供应是内生的而不是外生的，它直接随着公众对持有现金和银行存款需求的变化而变化，不能独立于这种需求的变化。他还指出："在任何时候，或在一切时候，货币存量将由需求决定，而利息率则由中央银行决定。"由此发现，卡尔多认为，货币当局对货币供给并没有控制能力，货币供给依赖于公众对收入水平支配的需求，而利率是完全处于货币当局控制下的变量，货币政策的目标是确定利率，而不是货币存量。

5.2.2　货币供给外生论

大卫·休谟（1711—1776年）首次明确了货币存量对商品价格的决定性作用，他提出："一切东西的价格取决于商品与货币之间的比例，货币增加，商品就涨价。"

通货学派的代表人物大卫·李嘉图（1772—1823年）继承了货币数量论的观点，认为在其他条件不变的情况下，一个国家的货币量增加，它的价值便下降，其表现形式为一般物价水平的上涨；货币量减少，它的价值便上升，其表现形式就是一般物价水平的下跌。由此得出"货币数量决定商品价格"的货币供给外生性观点。

20世纪30年代的大萧条使凯恩斯开始重新审视货币供给的性质，在《就业、利息和货币通论》中，凯恩斯明确指出："要改变货币数量，则只有公开市场政策或类似方法便可办到，故已在大多数政府控制之中。""公开市场交易不仅可以改变货币数量，而且还可以改变人们对金融当局之未来政策的预期，故可以双管齐下，影响利率。"这表明，凯恩斯对货币供应的认识从内生性转变为外生性。

货币学派的代表人物弗里德曼（1912—2006年）也是典型的货币供给外生论者，在《美国货币史》中，他认为，决定货币供给的主要因素有三个：（1）高能货币 H，由银行准备金和社会公众持有的通货组成；（2）"存款—准备金比率"（D/R），即银行存款与银行持有的存款准备金 R 的比率；（3）"存款—通货比率"（D/C），即银行存款 D 与社会公众持有的通货 C 的比率。货币供给可以表达为这三个因素的函数式：

$$M_s = H \times \frac{\dfrac{D}{R}\left(1 + \dfrac{D}{C}\right)}{\dfrac{D}{R} + \dfrac{D}{C}} \qquad (5-1)$$

从货币供给方程观察，决定货币供给的因素有两项，分别是：基础货币 H 与货币乘数，而货币乘数又取决于"存款—准备金比率"（D/R）与"存款—通货比率"（D/C）。弗里德曼提出，如果其他条件不变（即 D/R 和 D/C 不变），则高能货币总量的任何增长都将导致货币存量的同比增长。决定货币供给的三个变量分别取决于中央银行、商业银行和公众行为，但中央银行能直接决定高能货币，而高能货币的变动对银行的"存款—准备金比率"和公众的"存款—通货比率"有决定性影响，因此中央银行能通过基础货币改变货币供给总量。按道理来讲，货币学派作为凯恩斯学派的对立面，其观点不应该主张货币供给的外生论，恰恰相反，他应该主张货币供给的内生论才对，然而这并不矛盾。首先，弗里德曼主张货币短期非中性，长期中性已为自己主张货币供给是外生变量预留了空间；其次，弗里德曼强调货币最重要，是强调货币分析最重要，而不是货币政策最重要，因为他相信资本主义经济具有内在的自动趋于稳定的机制，为实现市场出清，货币政策应实施"单一规则"，即每年保持3%~5%的固定货币供给增长率，而"单一规则"发挥作用的前提就是货币供给的外生性，中央银行可以进行调控。

5.2.3 货币供给内外共生论

英国著名货币理论家劳伦斯·哈里斯是少数支持货币供给内外共生论的经济学家之一，他在《货币理论》一书中首次提出了货币供给内外共生论思想，指出："应该区分纯理论与经验研究的结论。根据纯理论，可以得出这样的结论：货币供给的变动可能是由外生因素所决定的，例如金本位制下新金矿的出现，或者政府为战争提供资金而进行的借款。货币供给的变动也可能由货币需求所决定，以至于货币需求的增加引起了银行部门增加它的计划货币供给。此外，货币的需求和供给都要受到某些同样的影响，例如，名义收入的增加会引起货币需求与银行体系计划的供给货币同时增加。"因此，哈里斯认为，决定货币供给的因素有两个：一个因素来自经济体系之外，是外生变量，如新金矿的发现和政府为战争筹款而进行的借款；另一个因素来自经济体系内部的货币需求。

在中国金融理论界，黄达教授在《宏观调控与货币供给》一书中明确指出："中央银行的货币供给是由三个因素共同决定，分别是：B、C/D 和 R/D。B 代表基础货币，属于中央银行行为；C/D 代表社会中的流通货币与商业银行存款货币之比，属于公众个体行为；R/D 代表商业银行的存款准备金与商业银行的存款之比，属于商业银行行为。在现实货币运行过程中，这三个方面的行为是相互交叉、共同起作用的，无法将它们独立开来进行分析。"易知，黄达教授也认为货币供给是由中央银行、商业银行和公众行为共同决定的。

5.3　本章小结

货币供给内/外共生论命题通常被用来判断中央银行与货币供给之间的关系，也与货币政策密切相关。自古典经济学时期开始，货币供给的内/外生争论就一直存在：18 世纪，古典经济学派基于货币支付功能和价值贮藏功能相互转换，开展了货币供给与物价水平之间的因果争论；19 世纪，银行学派与通货学派基于货币银行制度，就银行能否控制货币展开了"通货争论"；20 世纪上半叶，凯恩斯经历了由货币内生论向外生论的转变；20 世纪下半叶，基于传统的货币供给理论和货币供给乘数，以弗里德曼为代表的货币学派建立了相对完善的货币供给外生理论；20 世纪 60 年代后期，新古典综合学派以凯恩斯《就业、利息和货币通论》中的有效需求理论为基础，针对货币供给外生理论，建立了较为完整的货币供给内生理论框架。

在现代货币金融制度下，一国中央银行和金融监管当局的政策调整对货币供给均具有较大影响力，货币供给的内生性并不能否定其外生性，两者之间存在内在统一性。如果货币供给仅具有内生性，是纯粹的内生变量，由经济体系内在地客观决定，那么，中央银行也绝不可能成为人类伟大的发明之一，讨论货币政策将毫无意义可言；如果货币供给仅具有外生性，是纯粹的外生变量，完全由中央银行主观地控制，那么，中央银行就是万能了。货币规模的变动应由中央银行的外生供给与经济活动的内生需求共同决定，即货币供给存在外生和内生两个相互结合的创造渠道。因此，对比发现，货币供给内外共生论更加科学，也更加贴近实际。

正如崔建军教授所说："承认货币供给的外生性是对人类发挥主观能动性的肯定，承认货币供给的内生性又是对经济运行规则的尊重。只有正确认识中央银行及货币政策的作用，对其作用既不高估也不低估，正确把握货币供给的性质，或许才是最可取的科学的态度。"

6 工具规则优于相机抉择的理论分析

对于按工具规则还是相机抉择这两种货币政策操作规范，中央银行究竟应该采用哪一种方式进行操作？是应当一次性决定最优货币政策工具规则并加以支持，还是应当在每个时期都重新做出最优决定？为了考察该问题，需要在跨时期背景下对比分析货币政策工具规则和相机抉择政策的优劣。

6.1 理论依据

动态不一致性问题可以说是 20 世纪 70 年代末经济政策研究领域的一大发现，也是货币政策理论研究的前沿问题，对该问题的研究为新的货币政策机制设计奠定了理论基础。

动态不一致性理论最早由 Kydland 和 Prescott（1977）提出，具体描述为，在一个动态博弈的过程中，无承诺条件下的一致性政策必须是序列理性的。当给定单个理性人最优行动规则时，中央银行制定的货币政策规则必须使每个时期社会福利函数均达到最优，否则，就有可能发生动态不一致性现象。换而言之，中央银行在 t 期为 $t+i$ 期制定的调控计划，当 $t+i$ 期到来时，实施这个调控计划的方案难以达到最优效果。

Kydland 和 Prescott（1977）通过构建两时期模型，对公众预期和经济政策实施之间的动态关系进行了探讨。假设私人部门的参与人是理性经济人，能够完全预见到政府在 $t+i$ 期将要实施的政策并做出理性反应。在 t 期，中央银行决定在 $t+i$ 期将要实施宏观调控政策，以实现整个社会福利的最大化。那么，$t+i$ 期的社会福利不仅受到同期宏观经济政策的影响，而且也受到社会公众 t 期所做出的储蓄、消费等决策的影响，这些决策取决于社会公众对 $t+i$ 期中央银行实际执行的宏观经济政策预期。

在预先承诺的前提下，中央银行在 t 期决定 $t+i$ 期将要执行的货币政策，且当 $t+i$ 期来临之前不能够对该政策作出更改。这样，在制定 $t+i$ 期的货币政策时，中央银行必须考虑 t 期社会公众对这项政策的预期。

在没有预先承诺的前提下，即执行相机抉择型货币政策时，中央银行在 t 期不能决定其在 $t+i$ 期将采取的政策，而是要等到 $t+i$ 期来临时才作出决策。且中央银行在 $t+i$ 期制定货币政策时，完全可以忽略 t 期社会公众是如何作出消费、储蓄或者投资等相关决策的，这是因为，在 $t+i$ 期，社会公众已经做出了 t 期的选择，中央银行的货币政策难以在即期造成影响。

对比发现，区别预先承诺和相机抉择的关键之处在于，社会公众在 t 期的选择是否受到中央银行 $t+i$ 期货币政策的影响，这将引起中央银行在预先承诺和相机抉择的前提下货币政策的差异。

在相机抉择的假设前提下，中央银行货币政策之所以会产生动态不一致性，是因为，t 期中央银行会通告 $t+i$ 期的选择和"承诺"下所做的最优政策一致。然而，当 $t+i$ 期到来时，重新制定最优化策略背弃之前做出的承诺是中央银行的最优选择。加上社会公众都是经济学意义上的理性人，对未来均有清晰的预期，他们预料到中央银行会这么做出选择，故中央银行的通告是难以真实可靠。在 t 期社会公众作出决策时，中央银行的欺骗行为将会被列入考虑，产生与"囚徒困境"相类似的博弈结果。

如果中央银行能够通过某种规则向社会释放出清晰的信号，使公众当 $t+i$ 期来临时，中央银行之前的承诺届时仍是它的最优选择，那么，中央银行之前所做的承诺会自动达成。Kydland 和 Prescott 通过阐释"动态不一致性"理论的内涵，得出以下结论：与每期均做出选择、短视的中央银行相比，遵守承诺去执行既定决策的中央银行能够产生更好的政策效果。

6.2 理论分析

6.2.1 最优均衡角度分析

假设中央银行面对的社会目标函数为

$$G(\alpha,\beta) = G(\alpha_1,\alpha_2,\cdots,\alpha_t;\beta_1,\beta_2,\cdots,\beta_t);t \geqslant 1 \qquad (6-1)$$

式（6-1）中，α_t 代表第 t 期经济个体的决策序列，β_t 代表第 t 期中央银行的政策序列。作为理性人的经济个体，在 t 期的最优决策一定受到自身过去决策和所有政策序列的影响，则经济个体的决策序列可以表示为

$$\alpha_t = f_t(\alpha_1, \alpha_2, \cdots, \alpha_{n-1}; \beta_1, \beta_2, \cdots, \beta_t); t \geq n \geq 1 \qquad (6-2)$$

以经济个体的决策序列为约束条件，则满足社会目标函数政策序列 β_t 的最大化方程组应为

$$\begin{cases} \underset{\beta_1, \beta_2, \cdots, \beta_t}{Max} \left[G(\alpha, \beta) \right] = G(\alpha_1, \alpha_2, \cdots, \alpha_t; \beta_1, \beta_2, \cdots, \beta_t) \\ s.\, t. \quad \alpha_t = f_t(\alpha_1, \alpha_2, \cdots, \alpha_{n-1}; \beta_1, \beta_2, \cdots, \beta_t) \end{cases} \qquad (6-3)$$

为简化分析，令 $T = 2$，此时社会目标函数和经济个体决策函数分别为

$$G(\alpha, \beta) = G(\alpha_1, \alpha_2; \beta_1, \beta_2) \qquad (6-4)$$

$$\alpha_1 = f_1(\beta_1, \beta_2) \qquad (6-5)$$

$$\alpha_2 = f_2(\alpha_1; \beta_1, \beta_2) \qquad (6-6)$$

（1）对于工具规则货币政策路径的跨期优化，在第 1 期中央银行要做出两项政策决定 β_1 和 β_2，为得到两者的最优值 β_1^* 和 β_2^*，将公式（6-5）和公式（6-6）代入公式（6-4）中，得到

$$G = G\{\alpha_1(\beta_1, \beta_2); \alpha_2[\alpha_1(\beta_1, \beta_2), \beta_1, \beta_2]; \beta_1; \beta_2\} \qquad (6-7)$$

解出两个欧拉条件，求得最优值。

$$\frac{\partial G}{\partial \alpha_2} \times \frac{\partial \alpha_2}{\partial \beta_2} + \frac{\partial G}{\partial \beta_2} + \frac{\partial \alpha_1}{\partial \beta_2} \left[\frac{\partial G}{\partial \alpha_1} + \frac{\partial G}{\partial \alpha_2} \times \frac{\partial \alpha_2}{\partial \alpha_1} \right] = 0 \qquad (6-8)$$

（2）对于相机抉择的政策路径，在第 1 期，中央银行仍按照规则型政策的方法选择 β_1^* 和 β_2^*；但在第 2 期，α_1 和 β_1 已成为过去，中央银行在第 2 期基于公式（6-4）做出的决定只关于 β_2 的最大化，约束条件为

$$\begin{cases} \alpha_2 = f_2(\alpha_1; \beta_1, \beta_2) \\ \alpha_1 = \bar{\alpha}_1 \\ \beta_1 = \bar{\beta}_1^* \end{cases} \qquad (6-9)$$

将约束条件代入公式（6-4）中，得到

$$G = G[\bar{\alpha}_1; \alpha_2(\bar{\alpha}_1; \bar{\beta}_1^*; \beta_2); \bar{\beta}_1^*; \beta_2] \qquad (6-10)$$

则公式（6-10）中 β_2 的最优化值 β_2' 为

$$\frac{\partial G}{\partial \alpha_2} \times \frac{\partial \alpha_2}{\partial \beta_2} + \frac{\partial G}{\partial \beta_2} = 0 \qquad (6-11)$$

当满足：

$$\frac{\partial \alpha_1}{\partial \beta_2} \left[\frac{\partial G}{\partial \alpha_1} + \frac{\partial G}{\partial \alpha_2} \times \frac{\partial \alpha_2}{\partial \alpha_1} \right] = 0 \qquad (6-12)$$

公式（6-8）和公式（6-11）相等，然而只有两种情况可以使公式（6-12）满足：第一种情况是$(\partial\alpha_1/\partial\beta_2)=0$，意味着未来中央银行决策不会对现期经济个体决策形成影响；第二种情况是经济个体现期决策对社会目标函数直接和间接影响为0。易知，在理性经济人的前提下，这两种情况出现概率极低，几乎为0。

如果公式（6-12）不能得到满足，β'_2将不同于β_2^*。由于规则型货币政策路径（β_1^*，β_2^*）是跨期效用最大化的解，故相对而言，（β_1^*，β'_2）只能处于较低的效用水平。为了获得跨期最优的效用水平，中央银行应该选择执行规则型货币政策。

为得到更加清晰、直观的理解，在此，本书借助菲利普斯曲线进一步加以分析。如图6-1所示，在以横轴表示失业率，纵轴表示通货膨胀率的坐标系中，LPC代表长期菲利普斯曲线，SPC代表短期菲利普斯曲线，椭圆表示中央银行的福利损失函数。

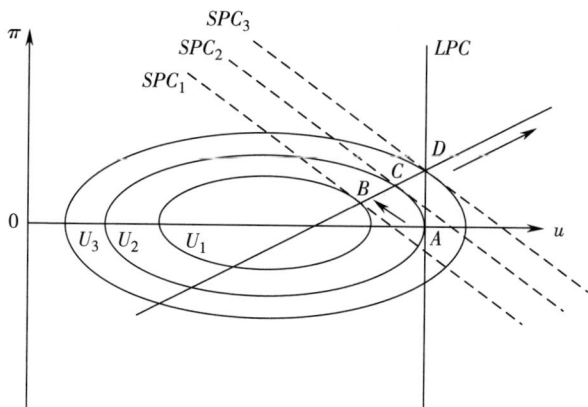

图6-1 最优均衡角度的分析

令实际低通货膨胀率是社会的最优选择，当经济个体形成了较低的通货膨胀预期，如点A，中央银行就将面对现实的通货膨胀激励，即通过制造意外的高通货膨胀率获得产出的额外收益（点B）。如果经济个体具有理性预期，他们确信政策制定者会屈从通货膨胀激励，最终的博弈结果是中央银行的货币政策形成了通货膨胀的上升，产出水平却没有发生任何改变（点D）。这就证明了如果中央银行执行相机抉择型货币政策，就更有可能出现短视行为，容易导致货币政策的时间不一致性。

6.2.2 通货膨胀偏差角度分析

在 Kydland 和 Prescott（1977）研究的基础上，Barro 和 Gordon（1983）进一步阐释了货币政策中的动态不一致性问题，他们认为，就货币政策而言，实行低通货膨胀是最优的，然而低通货膨胀政策是时间不一致的。由于存在收入税、失业补贴等，导致了劳动力市场扭曲，这使得自然失业率过高，因此政府有扩大就业、增加产出的动机。根据附加预期的菲利普斯曲线，政府只能通过意外通货膨胀来实现扩大就业的目标。如果公众预期到政府会实行低通货膨胀政策，则政府的最优决策就是相机抉择行事，实行较高的通货膨胀；由于公众持有理性预期，他们预期到政府会采取欺骗行为，因而在签订工资合同时，会把未来可能发生较高通货膨胀这一因素考虑在内，结果导致均衡时的通货膨胀率较高，而就业和产出依然维持在自然率水平。在相机抉择情况下，不存在政策制定者对未来货币或者价格的承诺机制，因此，在每一个时点，政策制定者面临制造非预期通货膨胀以带动经济扩张的诱惑，结果就是，相机抉择型货币政策具有内在的通货膨胀倾向，但对真实的就业和产出并无实质性影响。

假设中央银行追求物价稳定和经济增长两个政策目标，它希望达到其预期损失函数的最小化，该函数由产出和通货膨胀的波动所决定，公式表达式为

$$L = \frac{1}{2}\delta\left[y - (y_n + \theta)\right]^2 + \frac{1}{2}\pi^2 ; \theta \geqslant 0 \qquad (6-13)$$

关于宏观经济的设定遵循 Barro 和 Gordon（1983a，1983b）的思路，总产出同样由附加预期的菲利普斯曲线所决定，方程表达式为

$$y = y_f + \rho(\pi - \pi^e) + u \qquad (6-14)$$

$$\pi = \Delta m + v \qquad (6-15)$$

式中，y 代表实际产出，y_f 代表潜在产出，π 代表实际通货膨胀率，π^e 代表社会私人部门对通货膨胀的预期，u 代表供给冲击，Δm 代表货币供给增长率，v 代表货币流通速度冲击。

中央银行与私人部门的博弈顺序如下：首先，私人部门根据宏观经济形势的走向设定通货膨胀预期 π^e，在预期基础上确定名义工资水平，并实现供给冲击 u；其次，中央银行观察到供给冲击 u，并对此做出反应，运用政策工具 Δm，产生货币流通速度冲击 v；最后，确定全社会产出水平与实际通货膨胀

水平。将公式（6-14）和公式（6-15）代入公式（6-13），化简整理可得

$$L = \frac{1}{2}\delta[\rho(\Delta m + v - \pi^e) + u - \theta]^2 + \frac{1}{2}(\Delta m + v)^2 \qquad (6-16)$$

当觉察到供给冲击 u 时，中央银行通过对预期损失函数进行求导，得出使其数值最小化的 Δm，在已知 u 和给定 π^e 的前提条件下，实现 Δm 最优化的一阶条件是

$$\frac{\partial L}{\partial(\Delta m)} = \rho\delta[\rho(\Delta m - \pi^e) + u - \theta] + \Delta m = 0 \qquad (6-17)$$

整理化简可得

$$\Delta m = \frac{\rho^2\delta\pi^e + \rho\delta(\theta - u)}{1 + \rho^2\delta} \qquad (6-18)$$

（1）假设私人部门发现了中央银行存在现实的通货膨胀激励，根据中央银行实施的货币政策，它们会对未来的通货膨胀形成预期，但私人部门经济主体并不认为自身的个体行为会对中央银行决策产生任何影响，故对公式（6-18）中的 Δm 进行数学期望即可得到私人部门的通货膨胀预期。

$$\pi^e = E(\Delta m) = \frac{\rho^2\delta\pi^e + \rho\delta\theta}{1 + \rho^2\delta} \Rightarrow \pi^e = \rho\delta\theta \qquad (6-19)$$

将公式（6-18）和公式（6-19）代入公式（6-15），即可得到，执行相机抉择型货币政策时经济社会均衡的通货膨胀率：

$$\pi^d = \Delta m + v = \rho\delta\theta - \left(\frac{\rho\delta}{1 + \rho^2\delta}\right)u + v \qquad (6-20)$$

由于 $E[\pi_d] = \rho\delta\theta > 0$，当实施相机抉择型货币政策时，经济社会产生正向的通货膨胀偏差 $\rho\delta\theta$。如果忽略随机扰动项 u 和 v，则中央银行福利损失函数的均衡状态由图6-2显示。公式（6-18）显示，面对供给冲击时中央银行的相机抉择反应函数，经一阶求导得到的最优通货膨胀水平是私人部门通货膨胀预期的函数。当 $u = 0$ 时，公式（6-18）代表图6-2中的最优政策线 OPC。当实现均衡状态时，私人部门预期必须与中央银行政策行为保持一致，即 $\pi^e = \pi^d$，故最终均衡点一定会与45°线相交于点 E。通货膨胀偏差的程度，将随着产出扭曲 θ、通货膨胀缺口对产出的反应系数 ρ 和中央银行对产出缺口的目标权重 δ 的提高而提高。

将公式（6-14）和公式（6-20）代入公式（6-13），整理可得，执行相机抉择型货币政策时中央银行的损失函数和对应的数学期望为

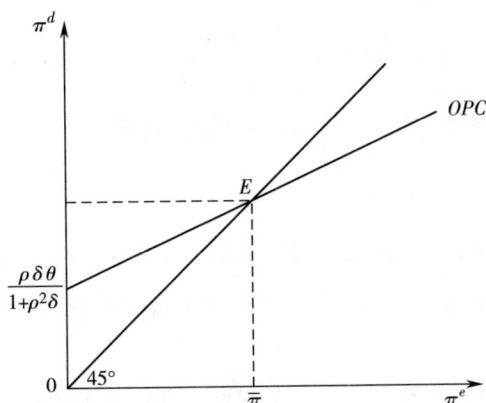

图 6-2 相机抉择下的最优通货膨胀水平

$$L^d = \frac{1}{2}\delta \left[\frac{u}{1+\rho^2\delta} + \rho v - \theta \right]^2 + \frac{1}{2} \left[\rho\delta\theta - \frac{\rho\delta u}{1+\rho^2\delta} + v \right]^2 \quad (6-21)$$

$$E[L^d] = \frac{1}{2}\delta\theta^2 (1+\rho^2\delta)^2 + \frac{1}{2}\left[\frac{\delta\sigma_u^2}{1+\rho^2\delta} + (1+\rho^2\delta)\sigma_v^2 \right] \quad (6-22)$$

（2）假定中央银行在公众预期形成之前承诺实行货币政策工具规则，当对供给冲击作出反应时，货币工具 Δm^r 的表达式和数学期望分别为：$\Delta m^r = \eta_1 + \eta_2 u$；$E[\Delta m^r] = \eta_1 = \pi^e$。将其代入公式（6-13）中，整理可得，执行货币政策工具规则时中央银行的损失函数和对应的数学期望为

$$L^r = \frac{1}{2}\delta \left[\rho(\eta_2 u + v) + u - \theta^2 \right]^2 + \frac{1}{2}(\eta_1 + \eta_2 u + v)^2 \quad (6-23)$$

$$E[L^r] = \frac{1}{2}\delta \left[(1+\rho\eta_2)^2\sigma_u^2 + \rho^2\sigma_v^2 + \theta^2 \right] + \frac{1}{2}(\eta_1^2 + \eta_2^2\sigma_u^2 + \sigma_v^2)$$

$$(6-24)$$

中央银行在实施货币政策工具规则时，需要在公众预期形成前，以及观测到供给冲击 u 之前，确定好参数 η_1 和 η_2 的值，对公式（6-23）进行一阶求导，可得

$$\eta_1 = 0; \quad \eta_2 = -\rho\delta/(1+\rho^2\delta) \quad (6-25)$$

换句话说，中央银行如果按照事先承诺的货币政策工具规则进行操作，预期通货膨胀为 0，即货币政策工具规则能够很好地避免通货膨胀偏差问题。将公式（6-25）代入公式（6-24），可得执行货币政策工具规则时中央银行的

损失函数对应的数学期望为

$$E[L^r] = \frac{1}{2}\delta\theta^2 + \frac{1}{2}\Big[\frac{\delta\sigma_u^2}{1 + \rho^2\delta} + (1 + \rho^2\delta)\sigma_v^2\Big] \qquad (6-26)$$

对比执行相机抉择和工具规则时中央银行对应的损失函数期望值，发现：

$$E[L^d] - E[L^r] = \frac{1}{2}(\rho\delta\theta)^2 \qquad (6-27)$$

中央银行如果执行货币政策工具规则，不仅可以解决通货膨胀偏差问题，将社会预期通货膨胀保持为 0，而且可以比实行相机抉择型货币政策减少损失 $(\rho\delta\theta)^2/2$。

Kwapil 和 Scharler（2010）以及 Dennis（2001）讨论了新凯恩斯框架下的最优承诺和相机抉择政策，得出在最优预先承诺下也可能出现动态不一致性，即中央银行确定了 t 期的通货膨胀率并对以后的通货膨胀率做出承诺，而当 $t+i$ 期到来时，中央银行会重新最优化决策而违背承诺，重新确定 $t+i$ 期的通货膨胀率，并对以后的通货膨胀率做出与在 t 期时所做出的一样的承诺，即动态不一致性体现在政府决策的每一期。为消除这种不一致性问题，Almudi 等（2017）引入了无穷远视角这一概念来对预先承诺进行重新定义，把货币政策看作是在遥远的过去选择的，从而消除了每一个第一期出现动态不一致的可能性。McCallum 和 Nelson（2002）对于预先承诺的无穷远视角方法作了进一步讨论，证明了该方法与在研究预先承诺政策中常用的方法是一致的。由于新凯恩斯主义模型中包括对未来经济状况的预期，在无穷远视角预先承诺政策下，中央银行会对滞后产出缺口作出反应，从而把惯性引入产出缺口和通货膨胀过程中。中央银行当前的决策会影响到公众对未来通货膨胀的预期，因此与不对滞后产出缺口做出反应的相机抉择型政策相比，无穷远视角的预先承诺政策会改进产出缺口与通货膨胀变动之间的权衡。如在正的成本冲击下，遵循相机抉择思想的中央银行会立即通过产生一个负的产出缺口来抵消外部冲击对通货膨胀的影响；遵循预先承诺思想的中央银行会在今后几期中使产出低于潜在产出，降低公众对未来通货膨胀的预期，从而使中央银行以较小的产出损失为代价来稳定正的成本冲击对通货膨胀的影响。

6.3 本章小结

本章依据"动态不一致性"理论，借助附加预期的菲利普斯曲线，从最优均衡和通货膨胀偏差角度出发，分别讨论了工具规则与相机抉择型货币政策的优劣，研究发现：当经济个体形成了较低的通货膨胀预期时，中央银行将面对现实的通货膨胀激励，即通过制造意外的高通货膨胀率获得产出的额外收益。令经济个体具有理性预期，如果中央银行执行相机抉择型货币政策，公众确信政策制定者会屈从通货膨胀激励，最终的博弈结果是中央银行的政策提高了通货膨胀率，产出水平却没有发生任何改变，这就证明了中央银行更有可能出现短视行为，容易导致货币政策的时间不一致性；而如果执行货币政策工具规则，不仅可以解决通货膨胀偏差问题，将社会预期通货膨胀保持为 0，而且可以比相机抉择型货币政策减少福利损失 $(\rho\delta\theta)^2/2$，即货币政策工具规则优于相机抉择，为后续研究提供了理论依据。

第三篇

应用篇

7 中国货币政策实践与存在问题

改革开放前，在高度集中的计划经济体制下，中国以短缺经济为主，指令性计划与财政政策是当时重要的宏观调控手段，信贷调控与货币政策属于辅助手段。在"大一统"的金融机构体系格局下，中国人民银行集诸多职能于一身，如中央银行职能、政策性银行职能、营利性商业银行和非营利性商业银行职能等，中央银行调控其实就是综合信贷计划，因为商业银行及其他职能未从中央银行中完全剥离，因此，那时中国不存在现代货币经济学理论所定义的经典货币政策概念。

20 世纪 80 年代末，市场经济体制开始逐渐替代传统的计划经济体制，金融改革与货币政策的操作方式也发生了很大的发展和变化。1983 年 9 月，国务院决定：从 1984 年 1 月 1 日起，中国人民银行作为国家的银行，专门行使中央银行职能，二级银行体制正式确立。中国人民银行开始采用不同货币政策工具来调节利率与货币供给量，从而间接改变社会总需求，最终实现"经济增长、价格稳定、充分就业和维持国际收支平衡"的货币政策目标。

本章对中国 1984—2018 年的货币政策操作实践进行了回顾，对比分析中国人民银行在不同阶段操作方向、最终目标、中介目标和操作工具选择等方面的变化，发现了中国货币政策操作存在的主要问题，为后续实证研究的开展提供了现实依据。

7.1 中国货币政策实践

7.1.1 1984—1997 年中国货币政策实践

（1）1984—1991 年：紧缩性货币政策

①货币政策的最终目标：反通货膨胀

1982 年 9 月，党的十二大确定了 20 世纪末工农业生产总值"翻两番"的战略目标，各级地方政府竞相攀比，层层加码，纷纷要求扩大投资规模，以便"提前翻番"。经过持续两年多的扩张，1984年第四季度中国经济开始出现明显的过热势头，银行信贷总额比上年增长了28.8%，其中，仅12月就比上年同期增长了84.4%。流通中的现金（M_0）为792.1亿元，比上年增长49.5%，物价迅速上扬，直接导致1984年10月中旬全国范围内的第一次抢购浪潮。为阻止通货膨胀状况进一步恶化，一方面中央政府决定派出检查组分赴各省检查，监督压缩基建项目的实施情况；另一方面，中国人民银行采取了紧缩性货币政策，除加强贷款额度控制外，还连续两次上调了存、贷款利率。在行政措施与经济措施并举的情况下，货币供应量在1985年下半年开始回落，投资增长率也在同年第三季度逐月回落。1986年第一季度，M_0与M_2的年增长率分别下降14%和13%，居民消费价格指数和GDP增长率也都迅速回落(见表7-1)。

表7-1　　　　　　　　　　1983—1991年中国宏观经济状况　　　　　　　单位:%

年份	GDP 增长率	固定资产投资增长率	居民消费价格指数
1983	10.9	16.2	2.0
1984	15.2	28.2	2.7
1985	13.5	38.8	9.3
1986	8.8	22.7	6.5
1987	11.6	21.5	6.5
1988	11.3	25.4	7.3
1989	4.1	-7.2	18.8
1990	3.8	2.4	3.1
1991	9.2	23.9	3.4

数据来源：1983—1991年《中国统计年鉴》。

1986年初，国内经济增长出现了下滑迹象，同年2月GDP甚至出现了零增长，为了刺激经济增长，中国人民银行决定放松对银行贷款的控制。结果，从1986年第二季度开始，货币供应量迅速扩张，1987年第四季度，通货膨胀再次抬头。1988年中期，M_1与M_2的年增长率分别达到33%和29%。以1985年为基期，1986年居民消费物价指数提高6%，1987年提高13.7%，1988年提高34.8%。1988年6月初的中共中央政治局会议正式决定进行物价—工资"闯关"以后，社会通货膨胀预期正式形成。1988年下半年对上年同期的全国零售物价指数攀升至 26%，城市普遍出现商品抢购风潮，倒买倒卖计划调拨物资和外汇额度等寻租活动蔓延。1988 年第四季度末，全国商品零售总额比上年同期增长 20.3%，8 月商业银行存款减少 26 亿元，通货膨胀率达到 18.5%。由于通货膨胀压力一直较大，因此，反通货膨胀成为这一阶段中国人民银行货币政策操作的主要目标。

②货币政策的中间目标：信贷规模与货币供应量

回顾 1984—1991 年出现的经济过热主要是因为信贷失控和货币投放过多造成的。1982 年 9 月，党的十二大确定了 20 世纪末工农业生产总值"翻两番"的战略目标，各级地方政府竞相攀比，层层加码，纷纷要求扩大投资规模，以便"提前翻番"；1984 年 9 月党的十二届三中全会扭转了 1981—1983 年计划经济思想的回潮，确立了社会主义商品经济的改革目标，此时，预定从 1985 年起扩大专业银行贷款自主权的改革在设计实施办法时发生了一项技术性错误，即规定以后中国人民银行给予银行的贷款额度以 1984 年贷款实际发生额为基数，于是，各专业银行为提高 1985 年的贷款基数，逐级下达指标，要求尽量扩大 1984 年的贷款规模，当年现金投放比上年增长了 49%。1986 年全国银行分行行长会议提出"稳中求松"的货币政策，到当年 12 月，新增贷款出现了明显增长。1987 年工业生产逐步下滑，中央银行提出"紧中有活"，同年 7 月、8 月贷款又产生了新一轮增长。1988 年，当年新增贷款总额同比增长 28.6%。

从货币供应量观察，1984 年货币发行量为 262.3 亿元，比上年增长 49.5%。1991 年货币发行量为 3177.8 亿元，比上年增长 20.2%。在此期间，M_0、M_1、M_2 均保持高位增长，1984 年、1988 年 M_0 增长率分别高达 49.5% 和 46.7%，1986 年 M_1 增长率高达 42.0%，M_2 增长率平均每年保持在 25% 以上（见表 7-2）。

表 7-2　　　　　　　　1984—1991 年中国货币供应量增长率　　　　　　单位：%

年份	1984	1985	1986	1987	1988	1989	1990	1991
ΔM_0	49.5	24.7	23.3	19.4	46.7	9.8	12.8	20.2
ΔM_1	34.4	12.0	42.0	20.4	21.6	5.7	19.7	23.6
ΔM_2	29.7	25.9	29.3	24.2	21.0	18.3	28.0	26.5

数据来源：1984—1991 年《中国统计年鉴》。

通过分析，在实行有计划的商品经济的条件下，当时，中国人民银行货币政策操作的中介目标是控制贷款规模与货币供应量。

③货币政策的操作工具：信贷规模指令计划

1985 年，中国人民银行减少国家外汇储备，压缩购买力缺口，回笼社会流动性。同时，严格限制信贷规模，提高营利性商业银行贷款利率，降低对固定资产的投资需求，并限期收回 1984 年第四季度超额发放的贷款。1986 年，中国人民银行开始实施"稳中求松"的货币政策，具体要求：既要加强和完善金融宏观控制，又要在信贷上坚持"区别对待，择优扶持"，避免"一刀切"；既要把膨胀的需求加以控制，又要改善供给，合理发放贷款，支持经济的回升；既要促使把高速度降下来，又要在讲求效益的基础上，支持适当的增长速度。具体措施：第一，从 1986 年 5 月起，中央银行省级分行和计划单列市分行，有权按当地专业银行在中央银行存款的一定比例，发放临时贷款；第二，中央银行拿出 50 亿元资金，组织各地银行清理企业之间的贷款拖欠；第三，取消了对专业银行贷款规模实行指令性控制的做法。

1987 年，中国人民银行对贷款管理制度进行了改进，取消以往对专业银行信贷缺口的统一调配，要求各专业银行根据自身实际情况，决定资金平衡，中央银行只根据宏观调控的要求，决定是否给予专业银行融通资金。增加中央银行贷款季度性调控的力度与密度，仅仅上半年就收回短期贷款 200 亿元，减少了基础货币的数量。强化收紧银根的政策，明确提出贷款总量和货币发行的控制目标，相应地运用了法定存款准备金率、中央银行贷款利率等一系列货币政策工具。

1988 年，面对经济过热和明显的通货膨胀，国务院提出"治理经济环境、整顿经济秩序"的方针，先后两次发文，要求严格控制货币和信贷增长，并下达各地的贷款规模和现金发行指标，由地方政府负责组织实施。对三年期及其以上的储蓄存款实行保值措施，以增加储蓄存款、稳定金融。中国人民银行总行要求各地分行必须在 9 月底以前收回上半年对其他金融机构发放的短期贷款。再次将法定准备金率由 12% 调高至 13%。年度性贷款利率和短期贷款利率由 6‰分别提高至 6.9‰和 6.3‰。同时，加强信贷结构调整，对所有信托投资公司停业整顿，乡镇企业贷款维持在 6 月末水平。开办了其他金融机构的特种存款，从资金上制约了贷款规模的扩张。

　　1989 年，中国人民银行继续实施紧缩性货币政策，提法是紧缩银根，稳定金融，控制总量，调整结构，保证重点，压缩一般，适时调节，争取既能压缩信贷规模的扩张，又能保证宏观经济的持续稳定增长。为实现这些目标，人民银行采取了下列措施：为更好地加强信贷计划管理，创建了市场信贷总量监督制度，尝试编制全社会信用规划，分三个层次对国内信用活动进行管理。包括流动资金贷款与固定资产贷款在内的全年贷款限额皆是指令性计划，未经批准，不得突破，限额管理实行行长负责制，严格控制信贷总量增长。各专业银行贷款限额遵循"全年亮底、按季控制、按月考核、适时调节"的办法，使资金在时间上的分配更符合我国工农业生产季节性变化的需要。

　　1990 年初，根据中央关于进一步治理整顿和深化改革的决定，中国人民银行确定了当年信贷规模 1700 亿元，货币发行 400 亿元的目标。在继续控制信贷总量的前提下，中央银行重点放在调整信贷结构，加速资金周转和搞好适时调节上面。面对工农业生产速度下降、市场销售疲软和企业产成品积压严重等情况，人民银行及时调整再贷款规模，由年初的 300 亿元调增至 600 亿元。加强中央银行资金的调节，对中央银行贷款继续实行"收支两条线"的办法：同年 6 月底，收回中央银行短期贷款 300 亿元；同时，对关系国计民生的重点行业及时进行资金调节，上半年，人民银行共投入资金 357 亿元，主要用于支持国家骨干企业生产、收购及清理企业拖欠等。

　　1991 年，为了贯彻国务院关于国民经济要以治理整顿为主，在治理整顿中求发展，以及在经济工作中要继续实行"双紧"方针的指示，人民银行严格控制货币信贷总量，进一步落实"区别对待、择优限劣"的信贷政策，对银行和其他金融机构的信用活动，全部纳入全社会信用规划，进行总量控制。核定给各专业银行和其他金融机构的贷款最高限额，作为指令性计划严格执行，根据银行的信贷原则和货币政策要求，掌握贷款投向，做到有保有压、有紧有松、择优限劣、以销定贷，逐步落实"亏损不贷款"的信贷原则。不断发掘资金潜力，搞活资金存量，加速资金周转。这一时期信贷资金管理工作以降低三项资金占用为中心，要在 1990 年底的基础上，压缩 15% 的三项资金占用。工业、商业和外贸企业的全部流动资金周转次数，比上一年实际加速 4%，相对节约企业资金占用和银行贷款 500 亿元。

对人民银行该阶段的货币政策调控回顾后发现，操作工具以信贷管理指令性计划为主，具有强烈的行政性与不连续性色彩，这固然对抑制经济过热、稳定通货膨胀预期、优化工农业结构等取得了成效，但副作用也十分明显，导致经济过度波动，应对当时中国经济"一放就活、一活就乱、一乱就收、一收就死"承担责任。

（2）1992—1997 年：适度紧缩的货币政策

①货币政策的最终目标：反通货膨胀与国际收支平衡

1992 年，为响应加快改革开放，推动国民经济高速发展的号召，第一季度贷款增长占全年新增贷款规模的 10.5%，进入 4 月，贷款增长势头更猛，上半年实际执行结果，银行贷款增加 1256 亿元，比上年同期多增加 675 亿元。现金回笼也不够理想，1992 年 1—2 月，现金投入高达 650 亿元，比上年同期多投放 134 亿元，2—6 月底，现金净回笼 21 亿元，比上年同期少回笼 105 亿元。进入 7 月，货币、信贷过快增长的势头仍然没有减缓，当月增加贷款 313 亿元，同比增加 151 亿元；货币净投放 124 亿元，同比增加 59 亿元。1—7 月累计增加 1568 亿元，同比增加 825 亿元。8 月以后，货币投放的势头越来越猛，每天净投放货币都在 10 亿元左右，远超既定的货币信贷计划，加大社会供给与需求的矛盾。1992 年底，M_1 与 M_2 的增长率分别高达 35.7% 和 31.3%，经济迅速达到过热状态，很快吹起了集资热、开发区热、房地产热、债券热、股票热和期货热等经济泡沫。到 1993 年春季，通货膨胀的危险已经十分明显，零售物价指数比上年同期上升 10% 以上。1992 年 11 月至 1993 年 5 月末，人民币对美元汇率贬值 45%。1993 年 6 月，通货膨胀呈现快速上升势头，大量流动性资金集中在东南沿海地区的房地产市场，营利性商业银行、信托公司与地方政府为实现各自的不同利益，逃避中央银行的规制和监管，纷纷为房地产市场融资，不断扩大货币乘数，使得货币超量投放，信贷规模不断突破人民银行限制。1994 年，中国出现严重的通货膨胀，居民消费价格指数达到 24.1%。货币增发也导致了外汇市场上人民币大幅贬值，美元与人民币兑换比率由 1∶5.64 急剧下降至 1∶8.27，国际收支迅速恶化（见表 7-3）。

表 7 – 3　　　　　　　　1992—1996 年中国宏观经济状况　　　　　　单位：%

年份	1992	1993	1994	1995	1996
GDP 增长率	14.2	14.0	13.1	10.9	10.0
固定资产投资增长率	44.4	61.8	30.4	17.5	14.8
居民消费物价指数（CPI）	6.4	14.7	24.1	17.1	8.3

数据来源：1992—1996 年《中国统计年鉴》。

针对以上问题，1995 年 9 月 28 日，党的十四届五中全会通过了《中共中央关于"九五"期间国民经济和社会发展计划及 2010 年远景目标的建议》，要求"九五"期间（1996—2000 年）必须把"抑制通货膨胀"作为政府宏观调控的首要任务。故这一时期中央银行的货币政策调控目标主要是，抑制通货膨胀和维持国际收支平衡。

②货币政策的中介目标：信贷规模与货币供应量

1992—1997 年，财政部对中国人民银行实行利润留成体制，即再贷款放得多，利润高，人民银行留得就越多。再贷款多，商业银行的放贷能力就强，因此在当时房地产和股票投机热潮中，各商业银行纷纷大量拆借资金而出现信贷失控。同时，货币供应量也大幅增加。1992 年、1993 年基础货币供应量增长率分别高达 36.4% 和 35.3%，是导致 1994 年高通货膨胀率的重要因素。1994 年广义货币供给量 M_2 更是达到 49% 的历史高点。1996 年，中国人民银行正式将控制货币供应量确定为货币政策的中介目标，减少基础货币的投放力度，以此间接控制狭义和广义货币数量。在此阶段，控制信贷规模和货币供应量仍是中央银行货币政策的中介目标（见表 7 – 4）。

表 7 – 4　　　　　　　1992—1997 年中国货币供应量增长率　　　　　　单位：%

年份	1992	1993	1994	1995	1996	1997
ΔM_0	36.4	35.3	24.3	8.2	11.6	15.6
ΔM_1	38.2	21.6	7.3	22.4	18.9	22.1
ΔM_2	31.3	24.0	49.0	29.4	25.3	19.6

数据来源：1992—1997 年《中国统计年鉴》。

③货币政策的操作工具：信贷规模、公开市场操作、再贴现与利率调整

1993 年 6 月，中央发布《关于当前经济情况和加强宏观调控的意见》（即 1993 年"中央 6 号文件"），宣布采取 16 项措施来稳定经济，这次调整与以往

历次调整主要靠加强计划管理不同的是，通过深化改革消除本轮过热的制度根源，具体措施可以分为三类：第一，行政措施，包括限期收回违章拆借的贷款，加强对专业银行贷款的额度控制，重新审定投资项目等；第二，经济措施，包括 5 月与 7 月两次提高了银行的存贷款利率，恢复保值储蓄，发售国债等；第三，进行改革，以便消除通货膨胀的微观基础和建立适合市场经济的宏观调控体系。"中央 6 号文件"出台以后，很快就抑制了经济的过热势头，M_1增长率从 6 月的 34% 下降至 10 月的 15.6%，国有部门固定资产投资增长率由 74% 下降至 58%，生产资料物价指数上涨率由 53% 下降至 31.4%，外汇市场上美元与人民币的兑换比率也由 1∶11.5 回落至 1∶8.7。1994 年，中国人民银行继续实行信贷规模限制，禁止各级分行发放政府融资贷款，为避免由于外汇占款引起的基础货币供应量的增加，采取掉期交易进行对冲，严格控制货币的增长速度。1995 年，人民银行再次于 1 月和 7 月小幅上调对营利性商业银行的再贷款利率及其贷款利率，鼓励商业银行及其他金融机构实施保值增值储蓄业务，推行商业票据，灵活运用外币与人民币进行对冲操作，禁止地方政府为完成政绩向商业银行施加贷款压力，侧重通过信贷资金管理方式向国家重点支持的产业和地区提供政策倾斜。同时，转变行政干预，推进利率市场化建设，成立上海银行间同业拆借市场，完善商业票据市场与国债回购市场。在物价水平明显下降后，1996 年，灵活运用利率工具，在 5 月和 8 月两次大幅下调存贷款利率，并停止了商业银行保值储蓄业务；同时，扩大再贴现业务，首次开展公开市场业务办理，截至 1996 年底，全国商业汇票发放总额 3115 亿元，其中，人民银行办理再贴现额度为 1160 亿元，商业银行办理再贴现额度为 1955 亿元，GDP 增长率为 10%，固定资产投资增长率回落至 14.8%，CPI 降至 8.3%，中国经济实现了"软着陆"。

为避免流动性紧缩导致经济下滑的状况，1992—1997 年中央银行的货币政策调控始终遵循"适度从紧"的原则，实现了中国经济的平稳过渡。但是在金融运行过程中，还是产生了一些负面影响，例如，银行信贷资产质量下降，具体表现在，包括透支借款、银行购买财政性债券、因贷款垫付形成的挂账等财政性占用增加，流动性资金贷款中长期性占用大量增加，以及未经批准，通过各种渠道扩大固定资产贷款、横向拆借资金被用于发放贷款数额增加等。破坏了综合信贷平衡，对非国有企业形成了"挤出效应"，市场利率与商

业银行利率之间出现了较大的断层，如 1993 年 6 月，市场公布的贷款利率为
20%～35%，而东南地区专业银行的贷款利率仅为 10%～16%。

7.1.2 1998—2018 年中国货币政策实践

（1）1998—2002 年：宽松性货币政策

①货币政策的最终目标：反通货紧缩与保经济增长

受 1994 年外汇改革与人民币深度贬值的影响，中国开始全面执行"两头
在外、大进大出"的出口导向型战略。从那时起，中国出口贸易快速增长，
贸易平衡由以前的顺差逆差互见转变为每年高达数十亿美元的顺差，中国的贸
易依存度不断提高（见表 7–5）。

表 7–5 　　　　　　　1993—2002 年中国进出口贸易状况 　　　　单位：亿美元

年份	出口总额	进口总额	净出口	年份	出口总额	进口总额	净出口
1993	917	1040	–122	1998	1837	1402	435
1994	1210	1156	54	1999	1949	1657	292
1995	1488	1321	167	2000	2492	2251	241
1996	1511	1388	122	2001	2661	2436	226
1997	1828	1424	404	2002	3256	2952	304

数据来源：1993—2002 年《中国统计年鉴》。

巨大的出口需求弥补了国内需求不足，为经济增长提供了强有力的动力，
即便在 1993 年中期采取"双紧"宏观经济政策的情况下，中国 GDP 仍然保持
了 10% 左右的增长率。但是，这种出口导向型经济增长模式很快遭遇到 1997
年 7 月爆发的亚洲金融危机的冲击。国外方面，受近邻国家货币深度贬值与进
口削减的影响，中国贸易出口额与从这些地区获得的外国直接投资额大量减
少。国内方面，正如一切国家平抑物价的货币政策措施通常都会出现滞后效应
一样，1998 年中国经济也感受到这方面的压力；对国有企业的战略性改组导
致大量原企业职工下岗，造成了需求减少；在住房制度改革与社会保障制度改
革的过程中，由国家统包的旧制度破除很快而新制度建立较慢，公众储蓄倾向
提高，即期消费减少。以上内外因素的作用，导致我国市场有效需求不足，经
济增长率掉头下行，物价指数下滑，出现了通货紧缩（见表 7–6）。

表 7 – 6   1998—2002 年中国宏观经济状况   单位：%，亿元

类型	指标		1998 年	1999 年	2000 年	2001 年	2002 年
经济增长	GDP 增长率	目标值	8	7	7	7	7
		实际值	7.8	7.1	8	7.3	8
通货膨胀	CPI 增长率	目标值	5	2	1	1 ~ 2	1 ~ 2
		实际值	-2.6	-1.4	0.4	0.7	-0.8
货币供应量	ΔM_1	目标值	17	14	15 ~ 17	13 ~ 14	13
		实际值	11.9	17.7	16	12.7	16.8
	ΔM_2	目标值	16 ~ 18	14 ~ 15	14 ~ 15	15 ~ 16	13
		实际值	15.3	14.7	12.3	14.42	16.78
货币结构与信贷规模	金融机构贷款	目标值	9000 ~ 10000	13550	11000	13000	13000
		实际值	11491	12846	13347	12913	18475

数据来源：1998—2002 年《中国人民银行统计季报》与《中国金融年鉴》。

②货币政策的中介目标：货币供应量

中国人民银行决定从 1998 年 1 月 1 日起取消资金信贷规模限制，对商业金融机构实行"计划指导、比例管理、自求平衡、间接控制"的 16 字方针，中央银行不再直接干预金融机构的信贷业务，由商业银行根据信贷市场的供求变化自行决定信贷供应量。信贷规模与货币供应量不再是货币政策的中介目标，而只有货币供应量。取消信贷规模是中国人民银行金融宏观调控的历史性重大改革，标志着货币政策操作由直接管制向间接调控的转变，货币政策的作用范围与影响力得到空前提高。

③货币政策的操作工具：利率、公开市场业务、法定存款准备金与窗口指导

大幅度降低利率，扩大贷款利率浮动空间。1998 年 3 次下调存、贷款利率，2002 年 2 月两次下调存、贷款利率，存款利率平均下调了 5.37%，贷款利率平均下调了 6.42%。1999 年，中央银行开始征收利息税，实际上也是一次特殊降息。2002 年，采取短期存贷款利率降幅大于长期存贷款利率降幅的方法，目的在于稳定公众预期，短期内增加消费与投资。

恢复并扩大公开市场业务，灵活调整基础货币。1996 年 4 月，中国人民银行首次开展公开市场业务，操作对象仅仅是同年发行的短期国债，交易规模很小，对商业银行流动性几乎没有影响。1998 年 5 月，中国人民银行扩大了

公开市场业务的交易对象与交易工具，将国债、政策性金融与中央银行融资均纳入了交易范围。交易方式除了低价利率招标以外，还增加了底价价格招标与固定利率招标两种方式。公开市场业务交易额大幅攀升，日益成为货币政策操作的重要工具。1998 年，公开市场业务操作 36 次，向商业银行融资 1761 亿元，净投放基础货币 701 亿元。1999 年，公开市场业务操作 7076 亿元，净投放基础货币 1920 亿元。2000 年 8 月，正式启动正回购业务，净回笼基础货币 822 亿元。2001 年，公开市场业务操作 54 次，净回笼基础货币 276 亿元。2002 年 6 月 25 日至 12 月 10 日，正回购 24 次，累计回笼基础货币 2467.5 亿元，净回笼基础货币 1021.4 亿元。

改革存款准备金制度。1998 年 3 月 21 日之前，中央银行备付金账户和准备金账户独立分开设置，营利性商业银行每接收一笔存款需要向中国人民银行交付 20% 左右的存款准备金，严重阻碍了基础货币的流动性。经过改革，中央银行将备付金账户和准备金账户进行合并，设立了专门的存款准备金账户，存款准备金率暂设为 13%，其中，法定准备金率为 8%，用于清算与支付的部分占 5%。商业银行能够调动的资金比例也由 80% 提高至 87%。

同时，人民银行还加强了对商业银行的窗口指导。从 1998 年第一季度开始，中国人民银行每月都召开经济形势分析会议，通报全国金融形势和各部门经济运行情况，预测未来货币政策走向。

受国内经济结构调整，国际上美国、日本、欧洲三大经济体的经济没有起色、全球贸易绝对额下降的影响，虽然中央银行经过多次降息，对宏观经济也起到一定的调节作用，2000 年初，国内经济增长速度下滑趋势得到遏制，但实施扩张型货币政策未达到预期效果。

（2）2003—2007 年：适度紧缩性货币政策

①货币政策的最终目标：稳币值与保经济增长

从 2003 年开始，随着入世后关税壁垒等贸易障碍的大幅度降低和世界经济的复苏，中国经济逐渐走出通货紧缩的阴影，经济增长速度加快。由"形象工程""政绩工程"拉动的投资热潮和外汇占款增加使货币投放被动扩张是这一阶段的主要特征。从 20 世纪 90 年代开始，中国国际收支出现了经常账户与资本账户的"双顺差"，2003—2007 年，国家外汇储备增幅一直保持在 30% 以上，2004 年更是达到 51% 的历史峰值。2005 年 7 月，中国人民银行宣布恢复有管理的浮动汇率制,人民币开始缓慢升值。但是,由于中美之间的贷款利率倒挂,吸引了国际"热钱"的大量涌入,这些使人民币升值压力有增无减,迫使人民银行继续不断地投放基础货币收购外汇(见表7-7)。

表7-7 2003—2007年中国宏观经济状况 单位:%

指标	2003年	2004年	2005年	2006年	2007年
GDP增长率	10.0	10.1	11.3	12.7	14.2
固定资产投资增长率	27.7	26.6	26.0	23.9	24.8
居民消费物价指数(CPI)	1.2	3.9	1.8	1.5	4.8

数据来源:2003—2007年《中国货币政策执行报告》。

②货币政策的中介目标:货币供应量

受当时利率市场化改革尚未完成的局限,货币供应量仍然是这一阶段货币政策操作的中介目标。根据8%的GDP目标增长率和3%的目标通货膨胀率,基本确定中国狭义和广义货币供给量目标值均为16%左右。从执行效果来看,狭义货币供应量的实际增长率变化较大,与目标值存在较大差异;但广义货币供给量目标值与实际值差异相对较小,说明基本实现了预期目标,为这一阶段的低通货膨胀和高增长创造了良好的金融环境(见表7-8)。

表7-8 2003—2007年中国货币供应量增长率目标值与实际值 单位:%

指标		2003年	2004年	2005年	2006年	2007年
ΔM_1	目标值	16	17	15	14	—
	实际值	18.7	13.6	10.7	17.5	21
ΔM_2	目标值	16	17	15	16	16
	实际值	19.6	14.6	17.6	16.9	16.7

数据来源:2003—2007年《中国货币政策执行报告》。

③货币政策的操作工具:利率、法定存款准备金率与公开市场业务

继续发挥利率调控作用。2003年10月29日,中国人民银行决定,放开商业银行贷款利率上限,城乡信用合作社贷款利率浮动上限提高至基准利率的2.3倍。2004年1月1日起,再次扩大商业银行贷款利率浮动区间。2004年10月29日起,对一年期存、贷款利率上调0.27个百分点,其他各档次存、贷款利率相应调整,中长期存贷款利率上调幅度大于短期。2006年,为抑制过度投资、引导投资和货币信贷的合理增长,中央银行两次提高商业银行存、贷

款基准利率。同时，推动利率市场化改革，2006 年 10 月至 12 月，上海银行间同业拆放利率市场开始试运行，2007 年 1 月 4 日正式运行，其目的在于为全国资本市场提供一年期资金定价基准。2007 年，不仅房地产市场价格继续攀升，股市价格也一跃而起，10 月 16 日，上海证券交易所综合指数由 2006 年初的 1163.88 点上升至 6124.04 点的历史最高点。从 2007 年下半年开始，通货膨胀迅速抬头，居民价格消费指数（CPI）突破 3% 的温和通货膨胀底线，然后一路攀升。在此背景下，中国人民银行灵活发挥利率的杠杆作用，全面考虑经济总量及其结构因素，先后 6 次上调商业银行人民币存、贷款基准利率。1年期存款基准利率从 2.52% 提高至 4.14%，累计增长 1.62%；1 年期贷款基准利率从 6.12% 提高至 7.47%，累计增长 1.35%。同年 12 月，再次大幅度提高 1 年以内（包括 1 年）定期存款利率。3 个月存款利率增长 0.45%，6 个月存款利率增长 0.36%。

继续发挥存款准备金工具冻结程度深、主动性强的特点，通过提高存款准备金率大力对冲流动性，抑制银行系统货币创造能力。2007 年，一共先后 10次上调金融机构人民币存款准备金率共 5.5 个百分点，继续实施差别化存款准备金制度，对资本充足率低于一定比例、不良贷款高于一定比例的金融机构实施较高的差别化存款准备金率。

积极开展公开市场业务。2003 年 4 月，中国人民银行启动央行票据发行，在银行间市场回收流动性。2003—2006 年，净对冲基础货币 3 万亿元。2007年，面对居民消费物价指数的一路攀升，中央银行更是加强了流动性控制，积极对公开市场冲销进行管理，例如，实施开展正回购操作、采取市场化与定向发行央行票据相结合、重启 3 年期央行票据、适度提高央行票据发行利率等。

（3）2008 年 9 月至 2010 年 9 月：适度宽松的货币政策

2008 年 9 月，面对国际金融危机加剧、国内经济增长放缓等状况，中国人民银行取消了商业银行信贷规模的限制，引导其扩大贷款额度。2008 年 11月 5 日，中共中央、国务院提出，要实行适度宽松的货币政策与积极的财政政策。2009 年中央经济工作会议、2010 年 3 月 5 日政府工作报告、2010 年 7 月23 日中共中央政治局会议先后 3 次强调继续实行适度宽松的货币政策与积极的财政政策。

在保持货币政策总量宽松的态势下，2009 年下半年中央银行开始进行

"动态微调",这是因为,一方面经济"保八"任务已经不再紧迫,另一方面出于对2009年上半年7.4万亿元信贷和可能维持高位信贷引发一系列后续问题的担忧,基于以上考虑,中国人民银行开始发行央行票据回笼流动性。2010年,在中国经济持续回升并可能过热的形势下,中央银行开始回收流动性,5次提高金融机构法定准备金率,从15.5%提高至18%(见表7-9)。

表7-9　　　　　　　2008年1月至2010年9月中国货币政策操作

日期	货币政策操作	方向
2008年1月25日	提高商业银行存款准备金率0.5%	(↑)
2008年3月25日	提高商业银行存款准备金率0.5%	(↑)
2008年4月25日	提高商业银行存款准备金率0.5%	(↑)
2008年5月	提高商业银行存款准备金率1%	(↑)
2008年9月16日	降低商业银行贷款基准利率0.27个百分点,存款基准利率保持不变	(↓)
2008年10月9日	降低商业银行存款准备金率0.5%	(↓)
2008年10月15日	降低商业银行1年期存、贷款基准利率各0.27个百分点	(↓)
2008年11月27日	降低商业银行1年期存、贷款基准利率各1.08个百分点	(↓)
2008年12月5日	降低中国工商银行、中国农业银行、中国建设银行、中国银行等国有商业银行存款准备金率1%	(↓)
2008年12月23日	降低1年期存、贷款基准利率各0.27个百分点	(↓)
2008年12月25日	降低商业银行存款准备金率0.5%	(↓)

资料来源:根据2008年《中国货币政策执行报告》整理所得。

(4) 2010年10月至2011年10月:中性偏紧的稳健货币政策

在2009年9.58万亿元天量信贷的支持下,GDP增速逐季攀升,但也埋下了通货膨胀的种子。自2009年11月CPI转正后,CPI一直在上升通道运行,虽然个别月份有过下降,但整体上看上升趋势非常明确,特别是2010年下半年以来,CPI屡创新高,通货膨胀压力明显加大。2010年第四季度城镇储户问卷调查显示,居民对未来物价预期指数上升至81.7%,较第三季度提高了8.5%。2010年10月,中国人民银行宣布自2008年下半年国际金融危机以来的首次加息。2010年12月10日,中央经济工作会议提出了2011年经济工作的重要任务,确定了宏观经济政策的基本取向是积极稳健、审慎灵活,重点是要全面兼顾"保证经济持续健康增长、调整经济结构、稳定通胀预期"三者之间的关系。必须不断加快经济、产业结构的战略性调整,提高经济内各因素发展的协调性与可持续性，同时稳定物价水平。中国人民银行要实施稳健的货币政策，按照总体稳健、结构优化、调节有度的要求，控制好货币流动性，引导信贷资金流向"三农"领域和中小企业。同时，进一步稳定人民币形成机制，保证人民币汇率的合理均衡稳定。中国货币政策正式从适度宽松转向中性偏紧（见表7-10）。

表7-10　　　　**2010年10月至2011年7月中国货币政策操作**

日期	货币政策操作	方向
2010年10月19日	提高商业银行存、贷款基准利率。1年期存款基准利率提高0.25个百分点，由现行的2.25%提至2.50%；1年期贷款基准利率提高0.25个百分点，由现行的5.31%提至5.56%	(↑)
2010年12月25日	提高商业银行1年期存、贷款基准利率各0.25个百分点	(↑)
2011年1月14日	提高商业银行1年期存、贷款基准利率各0.25个百分点	(↑)
2011年2月9日	提高商业银行1年期存、贷款基准利率各0.25个百分点	(↑)
2011年2月18日	提高商业银行存款准备金率0.5个百分点	(↑)
2011年3月18日	提高商业银行存款准备金率0.5个百分点	(↑)
2011年4月6日	提高商业银行1年期存、贷款基准利率0.25个百分点	(↑)
2011年4月21日	提高商业银行存款准备金率0.5个百分点	(↑)
2011年5月18日	提高商业银行存款准备金率0.5个百分点	(↑)
2011年6月20日	提高商业银行存款准备金率0.5个百分点	(↑)
2011年7月7日	提高商业银行1年期存、贷款基准利率各0.25个百分点	(↑)

资料来源：根据2010年第四季度至2011年第三季度《中国货币政策执行报告》整理所得。

（5）2011年11月至2017年9月：中性偏松的稳健货币政策

从2011年第三季度开始，随着欧债危机的进一步蔓延，世界经济形势日趋恶化，中国国内经济出现了通货膨胀下行和经济增长放缓。居民消费物价指数从2011年7月的6.5%回落至4.2%。出口增速逐月下降，截至2011年11月末已降至10%，贸易顺差也大幅缩减，中国物流与采购联合会公布的数据显示，中国制造业采购经理指数（PMI）为49%，环比回落1.4%，自2009年3月，首次回落到50%的"枯荣线"以内，汇丰中国制造业指数也创下32个月来的新低，降至47.7%。中国工业生产增速从10月的13.2%降至11月的12.4%。累计固定资产投资增速从10月的24.9%降至11月的24.5%。同年第三季度国内生产总值增长率仅9.1%，较第二季度下滑0.4%。

在严峻的国内外经济形势面前，中国货币政策再次开始转向。2011 年 11 月 30 日，中国人民银行决定，从 2011 年 12 月 5 日起下调存款类金融机构人民币存款准备金率 0.5 个百分点。2011 年 12 月中央经济工作会议召开，对 2012 年中国宏观经济调控的定调是"继续实施积极的财政政策和稳健的货币政策"，但是与前一阶段中性偏紧的稳健性货币政策不同，这一阶段中国货币政策根据经济重心的转移进行微调和预调，由中性偏紧转向中性偏松。2012 年中国货币政策宽松力度逐步扩大，在"稳增长"的背景下"2 次降息 + 2 次降准"，并首次实施不对称降息以支持实体经济。2013—2014 年，继续实施稳健性货币政策。2014 年末，广义货币供应量 M_2 余额同比增长 12.2%。人民币贷款余额同比增长 13.6%，比年初增加 9.78 万亿元，同比多增 8900 亿元。全年社会融资规模为 16.46 万亿元。12 月非金融企业及其他部门贷款加权平均利率为 6.77%，比年初下降 0.42%。人民银行基本退出常态化外汇干预，人民币汇率保持合理均衡水平上的基本稳定，双向浮动弹性增强，年末人民币兑美元汇率中间价为 6.1190 元，比上年末贬值 0.36%。

2015 年，国内外环境复杂多变，面对结构调整过程中出现的经济下行压力，中国人民银行加强预调微调，进一步增强调控的针对性和有效性。第一，综合采用多种货币政策工具合理调节金融系统流动性，如：积极开展公开市场业务、降低商业银行存款准备金和提供中期贷款便利等，弥补外汇占款减小产生的流动性缺口。第二，实行定向降准，发挥差别准备金调节机制的结构导向作用，增加人民银行内部评级试点，扩大信贷资产质押贷款发放范围，引导金融机构将更多信贷资源配置到小微企业、"三农"和棚户区改造等国民经济重点领域和薄弱环节。2015 年末，广义货币供应量 M_2 余额同比增长 13.3%，比上年末高 1.1%。人民币贷款余额同比增长 14.3%，比上年末高 0.6%；比年初增加 11.7 万亿元，同比多增 1.8 万亿元。社会融资规模存量同比增长 12.4%。12 月非金融企业及其他部门贷款加权平均利率为 5.27%，比上年 12 月下降 1.51%。2015 年末，人民币兑美元汇率中间价为 6.4936 元，CFETS 人民币汇率指数为 100.94，人民币对一篮子货币保持了基本稳定。第三，更加注重稳定短期利率，其中，5 次降低人民币存、贷款基准利率，9 次降低公开市场逆回购利率，适当下调信贷资产质押贷款利率、中期借贷利率和信贷支持再贷款利率等，充分发挥价格型工具的杠杆调节作用，稳定社会预期。

2016 年，中国宏观经济结构性矛盾比较突出，为适应经济发展的新常态，中央银行继续保持货币政策的审慎与稳健，加强预调和微调，尤其是更加注重调控的工具选择、力度把握和节奏配合，具体表现在：第一，优化货币政策工具组合和期限结构，保持适度流动性。在年初普降存款准备金率 0.5 个百分点补充长期流动性缺口的基础上，更多地运用公开市场操作、中期借贷便利、常备借贷便利、抵押补充贷款等工具灵活提供不同期限流动性。同时，建立公开市场每日操作常态化机制，开展中期流动性常态化操作。第二，推动调控框架逐步转型。继续强化价格型调控传导机制，探索构建利率走廊机制，注意在一定区间内保持利率弹性，与经济运行和金融市场变化相匹配，发挥价格调节和引导功能。第三，进一步完善适合我国国情的宏观审慎政策框架。将差别准备金动态调整机制升级为宏观审慎评估（MPA），对金融机构行为进行多维度引导；扩大全口径跨境融资宏观审慎管理范围，使其覆盖全国的金融机构和企业；按照"因城施策"原则，加强与房地产行业相关的金融审慎管理，调节房地产信贷市场。第四，坚定推动金融市场化改革，进一步完善货币政策调控框架，疏通传导渠道。继续深入推进利率市场化改革，着力培育以上海银行间同业拆借利率（Shibor）、国债收益率曲线和贷款基础利率（LPR）等为代表的金融市场基准利率体系，不断健全市场利率定价自律机制。继续完善人民币汇率市场化形成机制，初步形成"收盘汇率＋一篮子货币汇率变化"的人民币对美元汇率中间价形成机制，汇率政策的规则性、透明度和市场化水平进一步提高。圆满完成人民币加入 SDR 篮子的各项技术性准备。稳健性货币政策的实施取得了较好的经济效果，2016 年末，银行体系流动性合理充裕，货币信贷和社会融资规模平稳较快增长，利率水平低位运行，人民币兑美元的汇率弹性进一步提高，对一篮子货币汇率基本保持稳定。广义货币供应量 M_2 比 2015 年提高 11.3%，全社会贷款总额比 1 月增加 12.65 万亿元，同比增加 9257 亿元，同比提高 13.5%。全社会融资规模同比提高 12.8%。12 月非金融企业及其他部门贷款加权平均利率为 5.27%。2016 年末，中国外汇交易中心公布的人民币汇率指数为 94.83，人民币兑美元汇率中间价为 6.9370。国内宏观经济运行总体平稳，供给侧结构性改革取得积极成效，工业生产值平稳增加，国有与集体所有制企业效益不断提高，社会就业形势基本保持稳定。2016年，国内生产总值（GDP）同比提高 6.7%，居民消费价格指数（CPI）同比提高 2%（见表 7 - 11）。

表 7 - 11　　　　　　2011 年 11 月至 2018 年 12 月中国货币政策操作

日期	货币政策操作	方向
2011 年 12 月 5 日	降低商业银行存款准备金率 0.5 个百分点	（↓）
2012 年 2 月 24 日	降低商业银行存款准备金率 0.5 个百分点	（↓）
2012 年 5 月 18 日	降低商业银行存款准备金率 0.5 个百分点	（↓）
2012 年 6 月 8 日	降低商业银行存、贷款基准利率，1 年期存款基准利率降低 0.25 个百分点，1 年期贷款基准利率降低 0.25 个百分点	（↓）
2012 年 7 月 6 日	降低商业银行存、贷款基准利率，1 年期存款基准利率降低 0.25 个百分点，1 年期贷款基准利率降低 0.31 个百分点	（↓）
2014 年 4 月 25 日	降低县级农村商业银行存款准备金率 2 个百分点，降低县级农村合作银行存款准备金率 0.5 个百分点	（↓）
2014 年 6 月 16 日	降低商业银行、财务公司、金融租赁公司与汽车金融公司存款准备金率 0.5 个百分点	（↓）
2014 年 11 月 22 日	降低商业银行 1 年期贷款基准利率 0.4 个百分点，降低 1 年期存款基准利率 0.25 个百分点。提高商业银行存款利率浮动区间上限，由基准利率的 1.1 倍调整至 1.2 倍	（↓）
2015 年 2 月 5 日	降低商业银行存款准备金率 0.5 个百分点，额外降低对小微企业贷款占比达到定向降准标准的城市商业银行与非县级农村商业银行存款准备金率 0.5 个百分点，额外降低中国农业发展银行存款准备金率 4 个百分点	（↓）
2015 年 3 月 1 日	降低商业银行 1 年期贷款基准利率 0.25 个百分点，降低商业银行 1 年期存款基准利率 0.25 个百分点，提高商业银行存款利率浮动区间上限，由基准利率的 1.2 倍调整至 1.3 倍	（↓）
2015 年 4 月 20 日	降低商业银行存款准备金率 1 个百分点，额外降低农村商业银行存款准备金率 1 个百分点，额外降低中国农业发展银行存款准备金率 2 个百分点	（↓）
2015 年 5 月 11 日	降低商业银行 1 年期存、贷款基准利率各 0.25 个百分点，提高商业银行存款利率浮动区间上限，由基准利率的 1.3 倍调整至 1.5 倍	（↓）
2015 年 6 月 28 日	降低"三农"贷款占比达到定向降准要求的国有大型商业银行、股份制商业银行、外资银行、城市商业银行、非县域农村商业银行存款准备金率 0.5 个百分点，降低财务公司存款准备金率 3 个百分点	（↓）
2015 年 6 月 28 日	降低商业银行 1 年期存、贷款基准利率各 0.25 个百分点	（↓）
2015 年 8 月 26 日	降低商业银行 1 年期存、贷款基准利率各 0.25 个百分点	（↓）

续表

日期	货币政策操作	方向
2015 年 9 月 6 日	降低商业银行存款准备金率 0.5 个百分点，额外降低县级农村商业银行、农村合作银行、农村信用社和村镇银行等农村商业银行存款准备金率 0.5 个百分点，额外降低金融租赁公司和汽车金融公司存款准备金率 3 个百分点	（↓）
2015 年 10 月 24 日	降低商业银行 1 年期存、贷款基准利率各 0.25 个百分点，不再对商业银行与农村合作商业银行等设置存款利率浮动上限，标志着中国利率管制的基本放开，利率市场化改革取得关键性进展	（↓）
2015 年 10 月 24 日	降低商业银行存款准备金率 0.5 个百分点，加大金融支持"三农"和小微企业的正向激励，对符合标准的商业银行额外降低存款准备金率 0.5 个百分点	（↓）
2016 年 3 月 1 日	降低商业银行存款准备金率 0.5 个百分点	（↓）
2017 年 9 月 30 日	为支持商业银行发展普惠金融业务，聚焦单户授信 500 万元以下的小微企业贷款、个体工商户和小微企业主经营性贷款，以及农户生产经营、创业担保、建档立卡贫困人口、助学等贷款，人民银行决定统一对上述贷款增量或余额占全部贷款增量或余额达到一定比例的商业银行实施定向降准政策。凡前一年上述贷款余额或增量占比达到 1.5% 的商业银行，存款准备金率可在人民银行公布的基准档基础上降低 0.5 个百分点；前一年上述贷款余额或增量占比达到 10% 的商业银行，存款准备金率可按累进原则在第一档基础上再降低 1 个百分点，从 2018 年起实施	（↓）
2018 年 4 月 25 日	下调大型商业银行、股份制商业银行、城市商业银行、非县域农村商业银行和外资银行人民币存款准备金率 1 个百分点以置换中期借贷便利并支持小微企业融资	（↓）
2018 年 7 月 5 日	下调大型商业银行、股份制商业银行、城市商业银行、非县域农村商业银行和外资银行人民币存款准备金率 0.5 个百分点，以支持市场化、法治化"债转股"和小微企业融资	（↓）
2018 年 10 月 15 日	下调大型商业银行、股份制商业银行、城市商业银行、非县域农村商业银行和外资银行人民币存款准备金率 1 个百分点，置换其所借央行的中期借贷便利并支持小微企业、民营企业及创新型企业融资	（↓）

资料来源：根据 2011 年第四季度至 2017 年第三季度《中国货币政策执行报告》整理所得。

7.2 存在问题

诚然，从 1984 年中国人民银行正式行使中央银行职能以来，中国货币政策操作对我国保持宏观经济平稳运行发挥了重要作用，取得了较好效果，保持了流动性合理充裕，促进了实际利率基本稳定，从量价两个方面保持了货币环境的稳健和中性适度。但是，也出现了许多问题，尤其是 2009 年过度宽松货币政策的实施给中国经济埋下了"通货膨胀"的种子。具体而言，中国货币政策操作存在以下问题。

7.2.1 操作方向改变过于频繁

从 1984 年至今，中国货币政策操作方向一共发生了 7 次转变：1984—1991 年紧缩性货币政策、目标是"反通货膨胀"，1992—1997 年适度紧缩、目标是"反通货膨胀与国际收支平衡"，1998—2002 年宽松性货币政策、目标是"反通货紧缩与保经济增长"，2003—2007 年的适度紧缩、目标是"稳定币值的基础上实现经济增长"，2008 年第三季度开始适度宽松至 2009 年的过度宽松，2010 年 10 月执行"中性偏紧"的货币政策，2011 年 11 月执行"中性偏松"的货币政策（见图 7 - 1）。

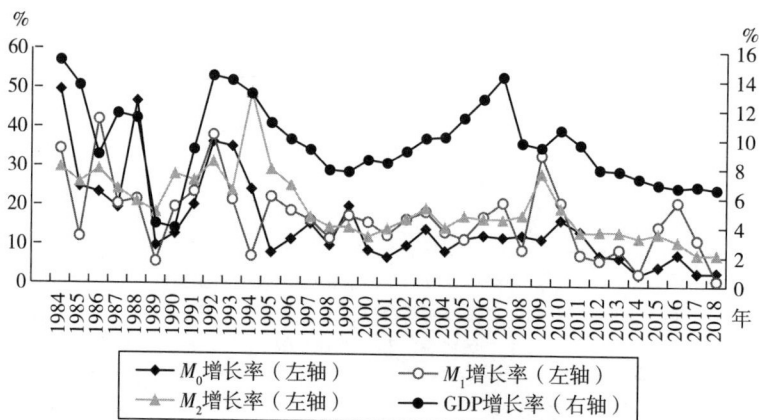

数据来源：1984—2018 年《中国统计年鉴》和《中国金融年鉴》。

图 7 - 1　1984—2018 年 GDP 增长率与货币供应量增长率波动趋势

中国货币政策操作带有明显"相机抉择"色彩，这种频繁改变货币政策操作方向的行为说明事前预警机制不足，缺乏前瞻性。当危机爆发时，中央银行倾向释放流动性，使用宽松的货币政策刺激经济，如果流动性过剩达到一定指标时又会造成通货膨胀问题。当危机平缓时，中央银行又要回笼社会上过剩的流动性，治理通货膨胀成为工作的重点。一旦国际外部环境发生改变，中央银行又不得不出台相关政策进行调整，且力度难以把握，货币政策本身时滞效应的存在，致使其有效性大打折扣。

7.2.2　流动性波动幅度加大

中国频繁的货币政策操作转向造成的结果是流动性波动加大，货币政策对经济的扰动作用进一步加大。以社会融资规模增量为例，在 2008 年次贷危机前后，社会融资规模增量波动性明显加大。2009 年其增量几乎同比增长了 1 倍，2010 年其增长速度开始变缓，并于 2011 年出现了负增长，2012 年其规模迅速扩大。进入 2013 年，社会融资规模增量进一步上升，达到 17.3169 万亿元，同比增长 1.53 万亿元，其中，上半年为 10.15 万亿元，同比增加 2.38 万亿元；下半年为 7.14 万亿元，同比减少 8497 亿元。2014—2015 年其数量有所减少，然而从 2016 年开始，社会融资规模增量陡然拉高，并于 2017 年达到 19.443 万亿元的历史峰值（见表 7 - 12）。

表 7 - 12　　　　　　　2002—2018 年中国社会融资规模增量　　　　单位：亿元

年份	社会融资规模增量	其中						
		人民币贷款	外币贷款（折合人民币）	委托贷款	信托贷款	未贴现银行承兑汇票	企业债券	非金融机构境内股票融资额
2002	20112	18475	731	175	—	−695	367	628
2003	34113	27652	2285	601	—	2010	499	559
2004	28629	22673	1881	3118	—	−290	467	673
2005	30008	23544	1415	1961	—	24	2010	339
2006	42696	31523	1459	2695	825	1500	2310	1536
2007	59663	36323	3846	3371	1702	6701	2284	4333
2008	69802	49041	1947	4262	3144	1064	5523	3324
2009	139104	95942	9265	6780	4364	4606	1267	3350
2010	140191	79451	4855	8748	3865	23346	11063	5786

续表

年份	社会融资规模增量	其中						
		人民币贷款	外币贷款（折合人民币）	委托贷款	信托贷款	未贴现银行承兑汇票	企业债券	非金融机构境内股票融资额
2011	128286	74715	5712	12963	2034	10271	13658	4377
2012	157631	82038	9163	12838	12845	10499	22551	2508
2013	173169	88916	5848	25466	18404	7756	18111	2219
2014	164571	97816	3554	25070	5174	−1285	24253	4350
2015	154086	112693	−6427	15911	434	−10569	29399	7604
2016	178022	124372	−5640	21854	8593	−19531	29993	12416
2017	194430	138432	18	7770	22555	5364	4495	8734
2018	192584	156712	−4201	−16067	−6901	−6343	24756	3606

注：①社会融资规模增量是指一定时期内实体经济（国内非金融企业和住户）从金融体系获得的资金额。

②当期数据为初步统计数。

数据来源：2002—2018 年《中国货币政策执行报告》。

　　流动性波动加大，对中国实现资产价格稳定造成了严重威胁。以房地产市场为例，从 2001 年起，全国房地产市场固定投资额持续攀升。2005—2006年，受政府清理闲置土地与规范招标、拍卖或挂牌等调控政策的影响，房地产市场固定资产投资额增速稳中有降，2007 年，其增速又迅速提高至 30.2%。2008 年，美国次贷危机引发了国内房地产市场发生局部性的资产负债表危机，导致房地产企业资金链断裂、房价跌落和泡沫破裂，房地产市场固定资产投资额增速下降至 23.4%。2009 年，其增速继续下滑至 16.1%。2010 年，中国人民银行继续执行适度宽松的货币政策，由于房地产市场的投资回报率较高，大量资本趋利而动，脱实向虚，纷纷流向房地产行业，当年其投资增长率高达33.2%。这引起了国家相关部门的高度关注，随后政府密集出台一系列措施对楼市进行调控，房地产开发投资增速持续下滑，2012 年跌至 16.2%。2013 年随着楼市的回暖，投资增速有所回升。2014 年在行业持续低迷的情况下，投资增幅明显回落。2015 年，房地产开发企业到位资金 125203 亿元，同比增长2.6%，增速比 1—11 月扩大 0.4 个百分点，市场成交量总体先抑后扬，第一季度整体低迷，第二季度起在各项政策利好情况下开始复苏，各线城市成交量均较上年有所增长，尤其是一线城市量价齐升且幅度较大，成交均价由 2014

年的每平方米 23069 元上升至 2015 年的 26841 元，同比增幅 16.4%。重点关注的 21 个城市整体供应量减少 3.4%，成交量价分别大幅增长 25.9%、14.7%；总体供不应求，库存压力有所缓解。二线、三线城市供应仍放量，而一线城市则减少供应。各线城市成交量价全面增长，涨幅自一线向二线、三线城市梯度递减，其中，一线城市商品住宅成交量大涨 44.6%，成交均价也大幅增长 16.4%。2015 年前三个季度，全国房地产业金融环境指数为 0.7，较上半年上升 0.59 个百分点，较上年同期上升 1.21 个百分点，进入宽松区间，延续了上半年触底反弹以来的上行态势，主要原因是受银行间市场同业拆借月加权平均利率明显下降、房企到位资金增速上升、个人购房贷款加权平均利率下降等因素的影响。根据中央和地方的政策导向及市场走势，2016 年影响房地产业金融环境指数的主要指标将继续利好房地产市场的发展，房地产业金融环境指数仍将处于宽松区间。

流动性波动加大，对中国实现物价稳定提出了挑战。在每次出现高通货膨胀之前，货币供应增长均有明显的加速，且涨跌趋势几乎保持一致（见图 7-2）。第一，1981—1983 年。每年平均新增货币 400.3 亿元，货币增长速度为 22%，1984 年比 1983 年新增货币高达 1071.3 亿元；在价格指数方面，1985 年，生产者价格指数（PPI）同比上涨 8.7%，消费者价格指数 CPI 同比上涨 9.3%，其中农产品生产价格指数同比上涨 8.6%。第二，1984—1989 年。平均每年新增货币 1500.1 亿元，到 1989 年货币存量已达 11949.6 亿元；1988 年居民消费物价指数创造了新中国成立近 40 年以来上涨的最高纪录，同比上涨高达 18.8%，农产品生产价格指数同比上涨 23%，生产者价格指数同比上涨 15%。第三，1993—1995 年。在广义货币供应量（M_2）方面，1993 年比 1992 年新增货币 9400 亿元，环比增长 39%，1993 年货币存量达到 34879 亿元；1994 年比 1993 年新增货币 12044 亿元，同比增长 28.13%；1995 年比 1994 年新增货币 13827 亿元，达到 60750.5 亿元；生产者价格指数、消费者价格指数、农产品生产价格指数平均同比分别上涨 19.5%、18.6%、24.4%。第四，2006—2008 年。广义货币供应量（M_2）增长率在 2006 年末开始加速，截至 2008 年 3 月末，广义货币存量已达 423055 亿元，同比增长 16.3%；金融机构各项贷款比年初增加 13326 亿元，同比少增 891 亿元；各项存款增加 26353 亿元，多增 7606 亿元；2007 年消费者价格指数同比上涨

4.8%，PPI同比上涨3.1%，农产品生产价格指数同比上涨18.5%；截至2008年2月末，中国消费者物价指数同比上涨8.7%，PPI同比上涨6.6%，农产品生产价格指数同比上涨26%。第五，2010年起始，房地产市场与股票市场发展规模迅速扩大，投资额与成交额节节攀升，中国货币流向出现明显的结构性变化。大量资金流向房地产市场与股票市场。2015年，中国人民银行意在引导资金"脱虚向实"的"5次降息+6次降准"，却意外引发了2015年6月至2016年6月房地产市场让人瞠目结舌的"牛市"。回顾本轮物价水平的上涨过程后发现，货币供给增速和通货膨胀存在明显的背离，具体表现为，货币供给增速减缓和通货膨胀增幅不同步，或者存在反向趋势，但从与实体经济关系密切的交易性货币供给增速来看，物价涨幅与交易性货币供给增速走势基本一致（见图7-2）。

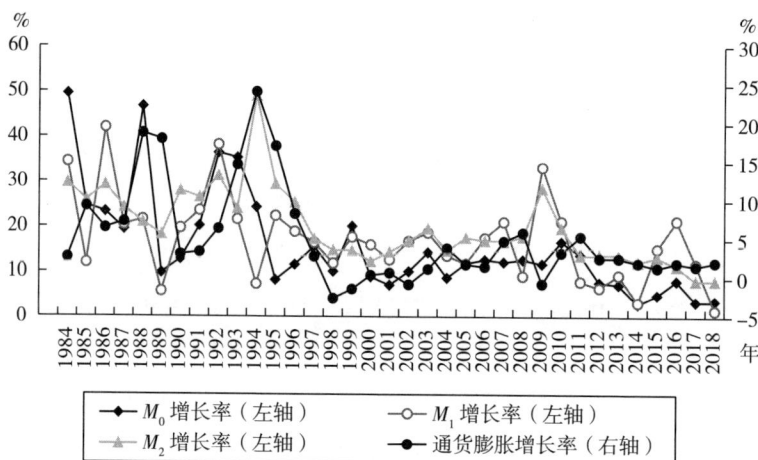

数据来源：1984—2018年《中国统计年鉴》和《中国金融年鉴》。

图7-2　1984—2018年通货膨胀增长率与货币供应量增长率波动趋势

7.2.3　利率调控空间越来越窄

2011年11月至今，中国人民银行为降低社会融资成本，支持经济结构调整和转型升级，加大对重点领域和薄弱环节的支持，执行了中性偏松的稳健性货币政策，期间经历了"8次降息+12次降准"。金融机构一年期贷款基准利率已从6.65%下调至4.35%；一年期存款基准利率已从3.5%下调至1.5%；

其他各档次存贷款基准利率和人民银行对金融机构贷款利率均做相应调整（见图 7 – 3）。

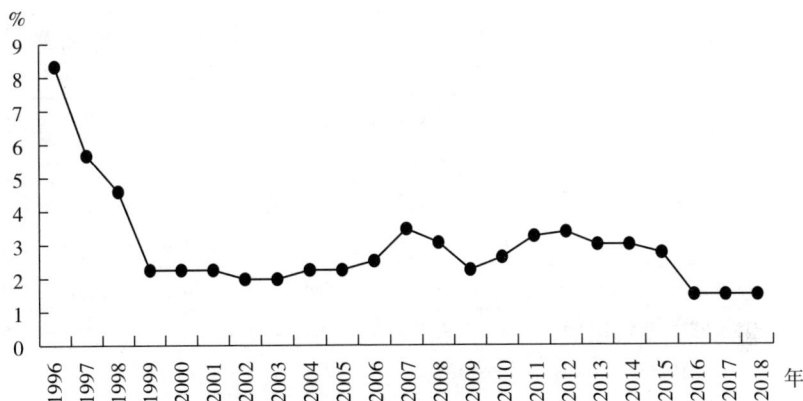

数据来源：中国人民银行网站 . http：//www. pbc. gov. cn/。

图 7 – 3   1996—2018 年一年期长期存款利率趋势

虽然 2015 年底中国利率市场化改革已基本完成（见表 7 – 13），无论是贷款还是存款利率管制都已经取消，金融机构都有了利率的自主定价权，但利率调控空间越来越窄却是不争的事实，"零利率"时代渐行渐近，中央银行货币政策操作面临新的挑战。因为利率如果再低，很容易陷入"流动性陷阱"难以自拔，一旦降低至零利率，也就意味着利率已经失去作为货币政策操作工具的意义。

表 7 – 13   1997—2015 年中国利率市场化改革

改革类型	日期	改革措施
债券利率 市场化	1997 年 6 月	放开全国银行间债券回购利率。
	1998 年 8 月	国家开发银行首次在全国银行间债券市场进行市场化发债。
	1999 年 10 月	开始采用市场招标方式，实现了国债发行利率与政策性金融债发行利率的市场化。
存款利率 市场化	1999 年 10 月	允许中资保险公司总公司与商业银行总行联合试办大额定期协议存款，最低存款额 3000 万元，存期 5 年以上（不包含 5年），存款利率由双方协商确定。
	2002 年	允许商业银行存款利率最高上浮 50%。
	2003 年 8 月 1 日	允许邮政储蓄新增存款在规定范围内自主支配。

续表

改革类型	日期	改革措施
存款利率市场化	2004 年 10 月 29 日	建立存款利率下浮制度。
	2004 年 3 月 17 日	放开商业银行存款利率，除活期与定期整存整取存款外，允许其自主确定其他存款类型以外的计、结息方法。
	2004 年 10 月 29 日	允许商业银行存款利率下浮，实现了"放开下限、管住上限"的既定目标。
	2012 年 6 月	扩大存款利率浮动区间，将其上限调整为基准利率的 1.1 倍。
	2014 年 11 月 22 日	扩大存款利率浮动区间，将其上限调整为基准利率的 1.2 倍。
	2015 年 3 月 1 日	扩大存款利率浮动区间，将其上限调整为基准利率的 1.3 倍。
	2015 年 5 月 11 日	扩大存款利率浮动区间，将其上限调整为基准利率的 1.5 倍。
	2015 年 8 月 26 日	放开 1 年期以上（不含 1 年期）定期存款利率浮动上限。
	2015 年 10 月 24 日	中国人民银行对商业银行和农村合作金融机构等不再设置存款利率浮动上限。
贷款利率市场化	2002 年	在全国范围内选取 8 个县的农村信用社作为试点，贷款利率浮动幅度由 50% 提高至 100%。同年 9 月，改革试点进一步扩大至每个省和自治区（不含直辖市）。
	2003 年	放开各项贷款的计、结息方法，贷款利率由借贷双方共同协商确定。
	2004 年 1 月 1 日	扩大金融机构贷款利率浮动区间。其中，农村信用合作社贷款利率区间为（0.9, 2），商业银行与城市信用合作社贷款利率为（0.9, 1.7）。扩大商业银行自主定价权，企业贷款利率最高上浮幅度扩大到 70%，下浮幅度保持 10% 不变。同时，放开各项贷款的计、结息方式和 5 年期以上贷款利率的上限等其他配套措施。
	2004 年 10 月 29 日	放开（不含城乡信用社）贷款利率上限。
	2006 年 8 月	扩大个人商业住房贷款的利率浮动范围，浮动范围扩大至基准利率的 0.85 倍。
	2008 年 10 月	扩大商业银行住房抵押贷款的自主定价权，将个人商业住房贷款利率下限提高至基准利率的 0.7 倍。
	2012 年 6 月	提高贷款利率浮动区间下限为基准利率的 0.8 倍。
	2012 年 7 月	降低贷款利率浮动区间下限为基准利率的 0.7 倍。
	2013 年 7 月 20 日	全面放开金融机构贷款利率，取消贷款利率下限，根据市场需求，由金融机构自主确定贷款利率水平。

续表

改革类型	日期	改革措施
	2000 年 9 月	放开 300 万美元以上（包含 300 万美元）外币存、贷款利率。
	2002 年 3 月	统一中外资金融机构外币利率管理政策，实现中外资金融机构在外币利率政策上的公平待遇。
	2003 年 7 月	放开了英镑、瑞士法郎和加拿大元的外币小额存款利率管理，由商业银行自主确定。
外币利率市场化	2003 年 11 月	限制商业银行美元、欧元、日元、港元小额存款利率上限。
	2004 年 11 月	放开 1 年期以上小额外币存款利率。
	2005 年 10 月 15 日	上调境内商业银行美元、港元小额存款利率上限。其中，一年期美元、港元存款利率上限均提高 0.5 个百分点，调整后利率上限分别为 2.5% 和 2.375%。
	2005 年 12 月 28 日	5 次提高商业银行美元与港元小额存款利率，1 年期美元存款利率累计提高 2.125% 至 3%，1 年期港元存款利率累计提高 1.8125% 至 2.625%。

资料来源：1996—2015 年中国人民银行《中国货币政策执行报告》。

7.3 本章小结

1984 年中国人民银行正式行使中央银行职能至今，中国货币政策操作方向一共发生了 7 次转变：1984—1991 年紧缩性货币政策、目标是"反通货膨胀"，1992—1997 年适度紧缩、目标是"反通货膨胀与国际收支平衡"，1998—2002 年宽松性货币政策、目标是"反通货紧缩与保经济增长"，2003—2007 年适度紧缩、目标是"稳定币值的基础上实现经济增长"，2008 年第三季度开始适度宽松至 2009 年的过度宽松，2010 年 10 月执行"中性偏紧"的货币政策，2011 年 11 月执行"中性偏松"的货币政策。

虽然中国货币政策操作对我国保持宏观经济平稳运行发挥了重要作用，取得了较好效果，保持了流动性合理充裕，促进了实际利率基本稳定，从量价两个方面保持了货币环境的稳健和中性适度，但是也存在许多问题，具体可以归纳为以下三个主要方面：

第一，货币政策操作方向改变过于频繁，过于注重相机抉择。这种频繁改变货币政策操作方向的行为说明事前预警机制不足，缺乏前瞻性。当危机爆发时，中央银行倾向释放流动性，使用宽松的货币政策刺激经济，如果流动性过剩达到一定指标时又会造成通货膨胀问题。当危机平缓时，中央银行又要回笼社会上过剩的流动性，治理通货膨胀成为工作的重点。一旦国际外部环境发生改变，中央银行又不得不出台相关政策进行调整，且力度难以把握，货币政策本身时滞效应的存在，致使其有效性大打折扣。

第二，流动性波动幅度大，对宏观经济冲击明显，尤其是对中国实现资产价格和物价稳定提出了挑战。

第三，利率调控空间越来越窄，"零利率"时代渐行渐近，中央银行货币政策操作面临新的挑战。因为利率如果再低，很容易陷入"流动性陷阱"难以自拔，一旦降低至零利率，也就意味着利率已经失去作为货币政策操作工具的意义。这为中国货币政策操作转型提供了现实依据。

8 中国货币政策工具规则的实证检验

本章将运用普通最小二乘法和广义矩估计法对我国货币政策中的利率规则和基础货币规则进行实证检验，结合我国经济数据和实际情况分别对其进行修正，得到我国货币政策工具规则的具体形式，即我国中央银行的政策反应函数。

8.1 中国利率规则的实证检验

分别选取普通最小二乘法（Ordinary Least Squares，OLS）和广义矩估计法（Generalized Method of Moments，GMM）来检验利率规则，说明利率规则在中国是否成立。

8.1.1 模型构建

根据利率规则表达式：

$$i_t = \pi_t + i_t^r + \alpha(\pi_t - \pi^*) + \beta(Y_t - Y^*) + \theta(e_t - e^*) + \eta_t \quad (8-1)$$

式（8-1）中：

i_t——短期名义利率；

i_t^r——长期实际均衡利率；

π_t——年实际通货膨胀率；

π^*——目标通货膨胀率；

Y_t——实际产出；

Y^*——目标产出；

e_t——实际汇率；

e^*——目标汇率；

α——利率对通货膨胀缺口的调整系数；

β——利率对产出缺口的调整系数；

θ——利率对汇率缺口的调整系数。

在估算货币政策反应函数时，为了解决利率的自相关问题，通常假定中央银行不是将利率一步调整到目标水平，而是进行利率平滑操作，从而将利率的滞后项也引入模型中。在实际操作中，中央银行由于不能获得精确的宏观经济数据，为了防止对金融市场产生过度波动和冲击以及避免政策反复所导致的信誉损失，中央银行倾向于通过缓慢调整短期利率，建立起短期利率的变化路径，以此引导公众预期，提高政策效果。由此可见，无论是从理论还是实际政策操作角度出发，都支持将利率平滑因素引入到模型分析中，引入利率平滑因子的利率规则可以表示如下：

$$i'_t = \rho i'_{t-1} + (1-\rho)i_t + \varepsilon_t \qquad (8-2)$$

式（8-2）中：

ρ——利率平滑因子，$\rho \in [0,1]$；

ε_t——随机干扰项。

将公式（8-1）代入公式（8-2）可得

$$i'_t = \rho i'_{t-1} + (1-\rho)[\pi_t + i'_t + \alpha(\pi_t - \pi^*) + \beta(Y_t - Y^*) + \theta(e_t - e^*)] + \varepsilon_t$$
$$(8-3)$$

在利率规则原式中，中央银行设定下期利率主要依据产出缺口、通货膨胀缺口，理论上，该做法能够为中央银行反通货膨胀货币政策带来良好声誉，但在实际操作中，中央银行通常会根据所获信息，选取预期变量来设定利率，从而能够有效实现目标优化。鉴于此，通过对公式（8-1）进行修正，得到前瞻性利率规则：

$$i_t = \pi_t + i'_t + \alpha[E(\pi_{t,t+k}|\eta_t) - \pi^*] + \beta[E(Y_{t,t+k}|\eta_t) - Y^*]$$
$$+ \theta[E(e_{t,t+k}|\eta_t) - e^*] + \varepsilon_t \qquad (8-4)$$

式（8-4）中：

i'_t——长期实际均衡利率；

π_t——t 年实际通货膨胀率；

$\pi_{t,t+k}$——t 期到 $t+k$ 期的通货膨胀率；

$Y_{t,t+k}$——t 期到 $t+k$ 期的实际产出；

$e_{t,t+k}$——t 期到 $t+k$ 期的实际汇率；

η_t——t 期信息集。

将公式（8-4）代入公式（8-2）可得加入利率平滑因子的前瞻性利率规则：

$$i'_t = \rho i'_{t-1} + (1-\rho)\left\{ \begin{array}{l} \pi_t + i^r_t + \alpha[E(\pi_{t+k}|\eta_t) - \pi^*] + \beta[E(Y_{t+k}|\eta_t) - Y^*] + \\ \theta[E(e_{t+k}|\eta_t) - e^*] \end{array} \right\} + \varepsilon_t$$

$$(8-5)$$

8.1.2 数据选取与处理

（1）名义利率代理变量的选取与处理

在利率市场化国家，中央银行通过短期名义利率来调控宏观经济。然而，我国尚未完成利率市场化进程，目前利率体系既包括管制利率，如商业银行存贷款利率；又包括市场利率，如银行间同业拆借利率，1996年1月3日，中国人民银行经过长期筹备，正式建立了全国银行间统一的同业拆借市场。

杨绍基（2005）、刘明志（2006）发现，在全国银行间债券回购市场与银行间同业拆借市场中，其利率能够准确地反映信贷资金的市场价格，对比而言，7天期债券回购与银行同业拆借比例较高，相关利率对资本需求波动明显，同时响应走向趋于一致。银行间同业拆借是指各金融机构依据信用高低在资本市场内拆借资金；银行间债券回购是各金融机构将自身拥有的债券作为抵押物进行资金融通，风险程度低，债券回购利率几乎不参考金融机构的信用。与回购利率相比，银行间同业拆借利率更能真实合理地表现资金的市场价格水平。因此，名义利率的代理变量选取为全国银行间7天期同业拆借利率，样本区间界定为：1999年第一季度至2018年第四季度，数据来源根据中国人民银行官方网站（http：//www.pbc.gov.cn）和历年公布的《中国人民银行统计季报》得到（见表8-1），由月度数据加权平均得到年度平均利率，年度加权平均利率的计算公式为

$$\bar{r} = \sum_{i=1}^{12}\left[r_i \frac{f_i}{\sum f} \right] \qquad (8-6)$$

式（8-6）中：

r_i——第 i 月的加权平均利率；

f_i——第 i 月对应月份的交易量。

表 8 – 1 　　　　　　　　　　　1999—2018 年名义利率 　　　　　　单位：%

年份	名义利率	年份	名义利率
1999	3.71	2009	1.28
2000	2.41	2010	2.20
2001	2.47	2011	4.04
2002	2.15	2012	3.54
2003	2.26	2013	4.18
2004	2.26	2014	4.96
2005	1.73	2015	3.94
2006	2.22	2016	3.10
2007	3.04	2017	2.79
2008	3.00	2018	2.74

数据来源：1999—2018 年《中国人民银行统计季报》和中国人民银行网站 http：//www.pbc.gov.cn/。

（2）目标通货膨胀率与通货膨胀缺口的测算

衡量通货膨胀的指标主要有 GDP 平减指数、生产者价格指数（PPI）、消费价格指数（CPI）。GDP 平减指数衡量的是某时期内所有商品和劳务价格的变动程度，覆盖面最广，从理论上分析，GDP 平减指数应该是衡量通货膨胀最适合的指标，但由于该指标计算复杂、资料收集困难，国外一般也只能按照季度测算、公布数据，时效性不强，因此，在实践中很少使用。PPI 难以反映服务价格的变动情况，相对而言，CPI 仍是与社会公众生活关系最为密切、同时又最具实践性的综合指数，它是宏观经济决策的重要参考对象，为一国政府分析和制定货币政策、财政政策以及国民经济核算提供科学依据，故本书选取CPI 作为衡量通货膨胀的代理变量。

目标通货膨胀率是指为了维持物价稳定，确保经济稳定增长，一国政府所确立的长期通货膨胀率。鉴于我国尚未实行通货膨胀目标规则，因此官方也未公布目标通货膨胀率。但根据国家发展改革委 1999—2018 年每年公布的《关于国民经济和社会发展计划执行情况与下一年国民经济和社会发展计划草案的报告》（以下简称报告），报告中包含对下一年 CPI 的控制目标（见表 8 – 2），在此基础上，采用 $H-P$ 滤波法计算得出通货膨胀缺口（见图 8 – 1）。

表 8 – 2 1999—2018 年目标通货膨胀率 单位：%

年份	目标通货膨胀涨幅	年份	目标通货膨胀涨幅
1999	4	2009	4
2000	4	2010	3
2001	1.5	2011	4
2002	1.5	2012	4
2003	1	2013	3.5
2004	3	2014	3.5
2005	4	2015	3
2006	3	2016	3
2007	3	2017	3
2008	3	2018	3

数据来源：1999—2018 年《关于国民经济和社会发展计划执行情况与下一年国民经济和社会发展计划草案的报告》。

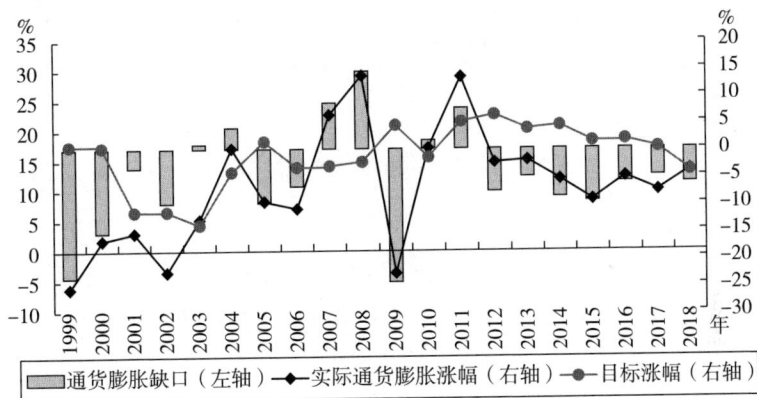

数据来源：1999—2018 年《关于国民经济和社会发展计划执行情况与下一年国民经济和社会发展计划草案的报告》和《中国统计年鉴》。

图 8 – 1 1999—2018 年通货膨胀缺口趋势

（3）潜在产出与实际产出缺口的测算

潜在产出是指当经济体系的生产资源均充分利用的情况下所能达到的最大产出，实际产出缺口是指实际产出与潜在产出的差值，由于测算潜在产出的方法不同，估计的产出缺口也存在差异。目前估计潜在产出的方法主要分为三类：第一类是对实际产出的时间序列进行分解的方法，如 $H-P$ 滤波；第二类是线性趋势方法，即将实际产出对时间变量做回归，提取实际产出的时间趋势成分作为潜在产出；第三类为生产函数法，此类方法是将充分就业水平下的劳动力和资本作为解释变量，构建相应的计量经济模型估计潜在产出。与前两种方法对比，生产函数法具有经济学理论支撑，得到的潜在产出也具有合理的经济解释，但由于充分就业下的劳动力和资本很难测度同时存在一定争议，因此，这种方法的应用受到限制。以上三种方法中，对实际产出的时间序列进行分解的方法应用最为广泛，本书也采取这种方法（见图8-2）。

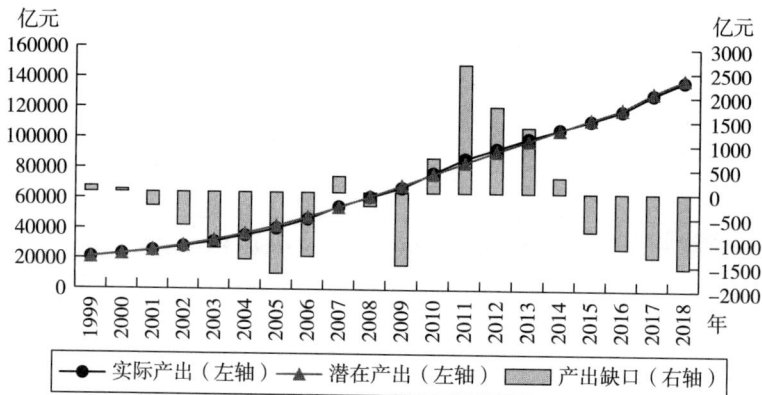

数据来源：1999—2018 年《中国统计年鉴》。

图 8 - 2 1999—2018 年产出缺口趋势

（4）汇率缺口

人民币实际有效汇率来源于 1999—2018 年《中国统计年鉴》，以人民币对美元汇率为基准，剔除年度成分的实际有效汇率进行 $H-P$ 滤波，平滑参数 $\lambda=100$，得到目标汇率，计算 $\Delta e_t=100\times ln(e_t/e_t^*)$ 得到基于 $H-P$ 滤波的汇率缺口，表示实际汇率关于潜在汇率的百分比对数偏离，其处理结果见图 8-3。

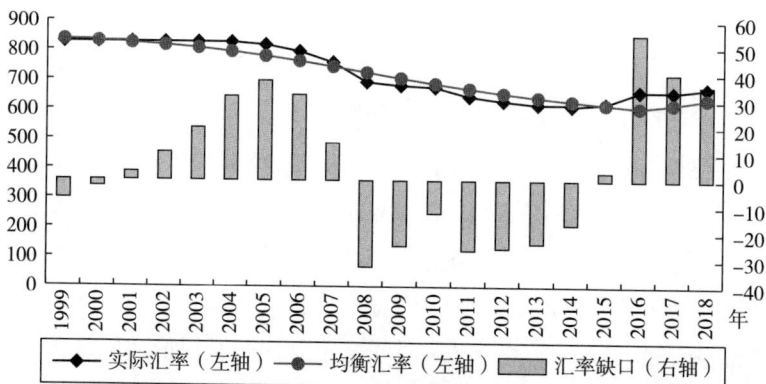

数据来源：1999—2018 年《中国统计年鉴》。

图 8 - 3 1999—2018 年人民币汇率缺口趋势

8.1.3　检验结果分析

（1）单位根检验

在进行模型估计前首先需检验各个序列的平稳性，采用考虑残差项序列相关的 *ADF* 单位根检验法，检验变量的水平值和一阶差分是否为稳态序列（见表 8 - 3）。

表 8 - 3　　　　　　　　　各变量序列的 *ADF* 检验结果

变量	*ADF* 检验值	检验形式 (C, T, L)	*DW* 值	临界值 1%	临界值 5%	临界值 10%
i_t	- 4. 2587	$(C, 0, 1)$	1. 6237	- 3. 5647	- 2. 7931	- 2. 9478
i_t^r	3. 5531	$(C, 0, 1)$	1. 2918	2. 8641	2. 5369	2. 3844
π_t	4. 6079	$(C, 0, 1)$	1. 5134	- 2. 5677	- 1. 7046	- 1. 7891
π^*	3. 4911	$(C, 0, 1)$	1. 3657	- 2. 4632	- 1. 7481	- 1. 8814
Y_t^{gap}	- 3. 4239	$(C, 1, 1)$	1. 6946	- 2. 8843	- 1. 6515	- 2. 0460
e_t^{gap}	4. 0337	$(C, 0, 1)$	1. 4188	- 2. 7901	- 2. 5319	- 2. 0725

注：(C, T, L) 中的 "C" 表示 *ADF* 检验中含常数项，"T" 表示含趋势项（$T = 0$ 表示不包含趋势项，$T = 1$ 表示包含截距项，$T = 2$ 表示包含趋势项和截距项），"L" 表示滞后阶数（选取的标准式使得回归残差不存在自相关）。

表 8 - 4 的单位根检验表明，我国短期名义利率 i_t、长期实际均衡利率 i_t^r、实际通货膨胀率 π_t、目标通货膨胀率 π^*、产出缺口 Y_t^{gap}、汇率缺口 e_t^{gap} 都是平稳序列，可以继续进行下面的分析。

（2）*Johansen* 检验

采用 *Johansen* 方法对线性利率规则中多变量之间的协整关系进行检验，该方法是为了证明模型中各变量在长期内存在着稳定的结构关系，检验结果如表 8 - 4 所示。

表 8 - 4　　　　　　　　　*Johansen* 检验结果

原假设	特征值	迹统计量检验 迹统计量	迹统计量检验 临界值 (5%)	迹统计量检验 *Prob.* **	最大特征值统计量检验 最大特征值统计量	最大特征值统计量检验 临界值 (5%)	最大特征值统计量检验 *Prob.* **
0 个 *	0. 9681	232. 9874	70. 4861	0. 0001	142. 3647	36. 7201	0. 0001
至多 1 个 *	0. 9327	81. 4152	49. 4522	0. 0000	41. 5680	26. 5412	0. 0001

续表

原假设	特征值	迹统计量检验			最大特征值统计量检验		
		迹统计量	临界值 （5%）	*Prob.* **	最大特征 值统计量	临界值 （5%）	*Prob.* **
至多2个	0.7061	27.5416	36.9740	0.0601	22.3817	26.1387	0.0640
至多3个	0.5033	17.3974	16.0884	0.0643	13.4692	13.0584	0.0813
至多4个*	0.2476	4.6589	4.0875	0.0497	4.3057	4.9367	0.0402

注：*、** 分别表示10%、5%显著性水平下拒绝原假设。

根据迹统计量和最大特征值统计量所得结果进行检验，研究发现，在线性利率规则中，各变量存在稳定的长期均衡关系，可以进行进一步的回归分析。

（3）我国线性利率规则的估计

表8-5列出了我国线性利率规则的 OLS 和 GMM 估计结果，其中 OLS 估计为引入利率平滑因子的利率规则，GMM 估计为引入利率平滑因子的前瞻性利率规则。

表8-5　　　　　　　　　线性利率规则的估计结果

变量	OLS 估计	变量	GMM 估计
i'_{t-1}	0.9067 ** (2.5239)	i'_{t-1}	0.8922 *** (6.5043)
i^r_t	0.0851 ** (2.2703)	i^r_t	0.1145 ** (2.0247)
π_t	0.0851 ** (2.2703)	π_t	0.1145 ** (2.0247)
π^{gap}_t	0.0660 *** (7.0747)	$\pi^{gap}_{t,t+1}$	0.1988 *** (14.9416)
Y^{gap}_t	-0.1972 (0.4820)	$Y^{gap}_{t,t+1}$	0.0313 *** (3.1560)
e^{gap}_t	-0.0903 * (1.7820)	$e^{gap}_{t,t+1}$	-0.1649 ** (2.0308)
DW	1.0925	DW	1.9161
R^2	0.7713	R^2	0.9836

注：*、**、*** 分别表示参数在10%、5%和1%的水平下显著，圆括号中的数字是各时间序列系数的 t 统计量值。

具体表达式如下所示：

$$i'_t = 0.9067i'_{t-1} + 0.0851i^r_t + 0.0851\pi_t + 0.0660\pi^{gap}_t -$$
$$0.1972Y^{gap}_t - 0.0903e^{gap} + \varepsilon_t$$
$$= 0.9067i'_{t-1} + 0.0851(i^r_t + \pi_t + 0.7756\pi^{gap}_t -$$
$$2.3173Y^{gap}_t - 1.0611e^{gap}) + \varepsilon_t$$
$$\quad (8-7)$$

$$i'_t = 0.8922i'_{t-1} + 0.1145i^r_t + 0.1145\pi_t + 0.1988\pi^{gap}_{t+1} +$$
$$0.0313Y^{gap}_{t+1} - 0.1649e^{gap} + u_t$$
$$= 0.8922i'_{t-1} + 0.1145(i^r_t + \pi_t + 1.7363\pi^{gap}_{t+1} +$$
$$0.2734Y^{gap}_{t+1} - 1.4402e^{gap}) + u_t$$
$$\quad (8-8)$$

当采用 OLS 法对引入利率平滑因子的利率规则进行测算时，利率平滑参数是 0.9067，在 5% 的水平表现显著；短期名义利率对通货膨胀缺口的调整参数估计值为 0.7756，在 1% 的水平高度显著；短期名义利率对产出缺口的调整参数估计值为 -2.3173，表现不显著，这与货币政策理论和实际操作相悖；短期名义利率对汇率缺口的调整参数估计值为 -1.0611，在 10% 的水平表现显著。

当采用 GMM 法对引入利率平滑因子的前瞻性利率规则进行测算时，利率平滑参数是 0.8922，在 1% 的水平表现显著；短期名义利率对通货膨胀缺口、产出缺口和汇率缺口的调整参数估计值分别为 1.7363、0.2734 和 -1.4402，均在 5% 以上的水平表现显著。

两种方法测算下利率平滑参数基本围绕 0.9 上下浮动，表明利率调整机制对前一期利率的依赖性很强，我国货币政策调整具有显著的利率平滑特征，在我国货币政策实际操作中也能明显地观察到中央银行平滑利率的行为：1993—1997 年，中国人民银行灵活运用利率杠杆，1993 年 5 月和 7 月两次提高银行存贷款利率，1995 年 1 月和 7 月两次小幅上调再贷款利率和商业银行的贷款利率，1996 年在通货膨胀水平明显下降后，不仅停办了保值储蓄业务，而且在当年 5 月和 8 月连续两次大幅下调贷款利率，1997 年再次下调利率水平，最终成功实现了经济的"软着陆"。

1998—2002 年，为应对东南亚金融危机对我国造成的消极影响，1998 年 1 月 1 日，中国人民银行取消了商业银行的贷款限额控制，同年，3 次下调商业银行准备金存款利率和 1 年期再贷款利率，1999 年 6 月 10 日和 2002 年 2 月 21 日，对不同利率期限结构区别对待，将短期存、贷款利率下降幅度大于长期存、贷款利率下降幅度，以刺激短期消费与投资，达到长期实现稳定社会公众利率预期的目标，通过下调 2 次利率水平，居民储蓄存款利率为 1.98%。

2003—2007 年，我国国际收支双顺差格局加剧，为维护总量平衡，保持货币信贷合理增长，2003 年 4 月央行启动票据发行，9 月上调存款准备金率 1 个百分点；从 2004 年 3 月 25 日起，将用于流动性支持的再贷款利率上浮 0.63%，再贴现率上浮 0.27 个百分点；10 月 29 日，上调 1 年期存贷款利率 0.27 个百分点，长期存贷款利率调整幅度大于短期。2006 年 4 月 28 日和 8 月 19 日，央行 2 次上调金融机构贷款基准利率，其中，1 年期贷款基准利率上调 0.54 个百分点，由 5.58% 提高到 6.12%，1 年期存款基准利率上调 0.27 个百分点，由 2.25% 提高到 2.52%。2007 年，为减缓国内价格水平上涨压力，央行又 6 次上调人民币存贷款基准利率，1 年期存款基准利率从年初的 2.52% 上调至年末的 4.14%，累计上调 1.62 个百分点；1 年期贷款基准利率从年初的 6.12% 上调至年末的 7.47%，累计上调 1.35 个百分点。

2008 年，中国经济经历了"过山车"式的剧烈波动，1 月至 6 月，央行 5 次提高存款类金融机构存款准备金率，从 15% 上调至 17.5%，到下半年，央行 5 次下调人民币存贷款基准利率，1 年期存款利率由 4.14% 下调至 2.25%，1 年期贷款基准利率由 7.47% 降至 5.31%。2010 年，中国经济持续回升，通货膨胀压力明显加大，从 2010 年 10 月 20 日至 2011 年 7 月 7 日，央行 4 次上调金融机构人民币存贷款基准利率，其中，1 年期存款基准利率上调 1 个百分点，由 2.25% 提高到 3.25%；一年期贷款基准利率上调 1 个百分点，由 5.31% 提高到 6.31%，同时，上调中国人民银行对金融机构贷款利率，1 年期流动性再贷款利率由 3.33% 上调至 3.85%；1 年期农村信用社再贷款利率由 2.88% 上调至 3.35%；再贴现利率由 1.80% 上调至 2.25%。2011 年下半年至 2018 年，中国经济受制于外部需求低迷和内部产能过剩影响，下行压力不减，在加强供给侧结构性改革的背景下，货币政策操作再次开始转向，央行开始采取"中性偏松"的稳健性货币政策。经过 2014 年 11 月至今的 6 次降息，目前中国 1 年期存、贷款基准利率已分别降至 1.5% 和 4.35%，考虑到 12 月 CPI 同比为 1.6%，存款实际利率已经为负，2016 年，存贷款基准利率进一步下调的空间已经非常有限。

从 DW 统计量和拟合优度分析，OLS 方法测算的模型结果虽然引入了利率平滑因子，但是 DW 统计量仍然落在拒绝不存在自相关原假设的不确定区间，这说明 OLS 方法估计的残差项仍然有大量信息未能被模型解释。而在 GMM 估计中，由于加入了前瞻性因素来测算通货膨胀缺口和产出缺口，继而对名义利率变动提供参考，所以 GMM 估计中的 DW 统计量和拟合优度得到明显改善。因此，引入利率平滑因子的前瞻性利率规则可能更加适合我国货币政策操作。

8.2　中国基础货币规则的实证检验

8.2.1　模型构建

在经典基础货币规则反应函数中，基础货币增长率对名义 GDP 的反应系数是事先给定的，这虽然有利于稳定基础货币规则本身，但对于中央银行的货币政策调控而言，难以对日益多变的现实经济状况作出真实反应，因此，本书在对模型的拓展中并不事先界定相对应的反应函数系数取值，而是选定样本区间，将其作为待估计参数进行处理。通过逐步对经典基础货币规则反应函数进行拓展，得到变参数的基础货币规则模型。

（1）双目标基础货币规则

$$\Delta m_t = (\Delta y_t^* + \pi_t^*) - \Delta\bar{v}_{t-1} + \alpha_1(\pi_{t-1} - \pi_{t-1}^*) + \alpha_2(y_{t-1} - y_{t-1}^*) + \varepsilon_t$$

$$(8 - 9)$$

式（8 - 9）中：

Δm_t——基础货币增长率；

Δy_t^*——真实 GDP 的潜在增长率；

π_t^*——目标通货膨胀率；

$\Delta\bar{v}_{t-1}$——第 $t-1$ 期基础货币流通速度平均变化率；

$\pi_{t-1} - \pi_{t-1}^*$——第 $t-1$ 期实际通货膨胀对目标通货膨胀的偏离；

$y_{t-1} - y_{t-1}^*$——第 $t-1$ 期实际产出对目标产出的偏离；

α_1——基础货币增长率对通货膨胀缺口的反应系数；

α_2——基础货币增长率对产出缺口的反应系数；

ε_t——随机扰动项，服从均值等于 0 的正态分布。

（2）添加汇率成分的基础货币规则

随着全球化程度的加深，汇率在货币政策中扮演的角色越来越重要，汇率的变化通过经常账户和资本账户失衡而引起货币在国家之间的重新配置，它在很大程度上取决于一国货币政策的选择。中央银行的货币政策调控会引起名义汇率的变动，名义汇率的变化又会通过进口商品价格的变化影响国内通货膨胀，而且进口中间商品价格变化，会改变本国贸易和非贸易商品的价格，对本国价格水平产生向上或者向下的压力，因此，将汇率因素添加到扩展模型中，可以得到：

$$\Delta m_t = (\Delta y_t^* + \pi_t^*) - \Delta \bar{v}_{t-1} + \alpha_1(\pi_{t-1} - \pi_{t-1}^*) + \alpha_2(y_{t-1} - y_{t-1}^*) +$$

$$\alpha_3(e_{t-1} - e_{t-1}^*) + \eta_t \qquad\qquad (8-10)$$

式（8-10）中：

α_3——基础货币增长率对汇率偏离值的反应系数；

$e_{t-1} - e_{t-1}^*$——第 $t-1$ 期人民币实际汇率对目标汇率的偏离；

η_t——随机扰动项，服从均值等于 0 的正态分布。

（3）添加外汇储备成分的基础货币规则

在开放经济环境下，中央银行为保证汇率的可控稳定，不得不对外汇市场进行干预，基础货币规则最初就是以浮动汇率制为前提得到的。随着近年来改革开放步伐的不断加快和产品竞争力的提高，中国外汇储备增长率不断提高，受结售汇制度的影响，外汇储备增加时中央银行为维持人民币汇率稳定，必须通过外汇占款渠道向市场投放同等数量的基础货币量，从而导致货币供应量增加，因此，在构建模型时须将外汇储备的变动对基础货币的影响考虑在内。

$$\Delta m_t = (\Delta y_t^* + \pi_t^*) - \Delta \bar{v}_{t-1} + \alpha_1(\pi_{t-1} - \pi_{t-1}^*) + \alpha_2(y_{t-1} - y_{t-1}^*) +$$

$$\alpha_3(e_{t-1} - e_{t-1}^*) + \alpha_4 \Delta fe_t + \mu_t \qquad\qquad (8-11)$$

式（8-11）中：

α_4——t 期基础货币增长率对外汇储备增长率的反应系数；

Δfe_t——t 期外汇储备增长率；

μ_t——随机扰动项，服从均值等于 0 的正态分布。

8.2.2 数据选取与处理

用于检验的变量包括基础货币增长率、名义 GDP 目标增长率、货币流通

速度、通货膨胀缺口、产出缺口、汇率缺口和外汇储备增长率，样本选取
1999—2018 年度数据。

（1）基础货币增长率

1994 年，中国人民银行开始对基础货币进行统计，认为基础货币等于流
通中的现金、商业银行库存现金、商业银行准备金存款、商业银行特种存款、
邮政储蓄转存款与政府在中央银行内的存款六部分组成。2002 年 1 月，中国
人民银行对其资产负债表进行了调整，用"储备货币"的概念替代以往的
"基础货币"，本质上，两者从属同一概念，统计口径一致。本书采用对数差
分方式对基础货币增长率进行测算，计算公式为 $\Delta m_t = \ln m_t - \ln m_{t-1}$。详见
表 8 –6,图 8 –4。

表 8 – 6　　　　　　　　　**1999—2018 年货币供应量及其增长率**　　　　单位：亿元，%

年份	M_0 供应量	M_1 供应量	M_2 供应量	M_0 增长率	M_1 增长率	M_2 增长率
1999	13455.5	45837.3	119897.9	20.1	17.7	14.7
2000	14652.7	53147.2	134610.3	8.9	16.0	12.3
2001	15688.8	59871.6	158301.9	7.1	12.7	14.4
2002	17278.0	70881.8	185006.0	10.1	16.8	16.8
2003	19745.9	84118.6	221222.8	14.3	18.7	19.6
2004	21468.3	95969.7	254107.0	8.7	13.6	14.7
2005	24031.7	107278.8	298755.7	11.9	11.8	17.6
2006	27072.62	126028.1	345577.9	12.7	17.5	16.9
2007	30375.2	152560.1	403442.2	12.2	21.1	16.7
2008	34218.0	166217.1	475166.6	12.7	9.1	17.8
2009	38247.0	221445.8	610224.5	11.8	33.2	28.5
2010	44628.2	266621.5	725851.8	16.7	21.2	19.7
2011	50748.5	289847.7	851590.9	13.8	7.9	13.6
2012	54659.8	308664.2	974148.8	7.7	6.5	13.8
2013	58574.5	337291.1	1106525.0	7.2	9.3	13.6
2014	60259.5	348056.4	1228374.8	2.9	3.2	12.2
2015	63216.6	400953.5	1392278.1	4.9	15.2	13.3
2016	68303.9	486557.3	1550066.7	8.1	21.4	11.3
2017	70645.6	543790.2	1690235.3	3.4	11.8	8.1
2018	73208.4	551685.9	1826744.2	3.6	1.5	8.1

数据来源：1999—2018 年《中国统计年鉴》。

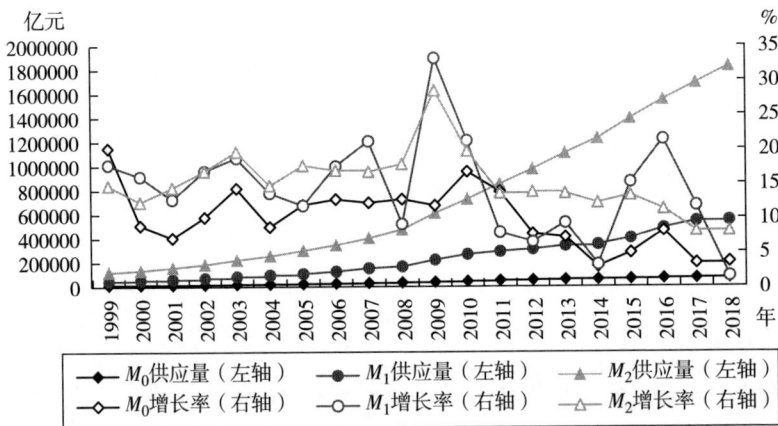

图 8 - 4　1999—2018 年不同类型货币供应量变动趋势

（2）不同类型货币流通速度

根据费雪方程式：$MV = Py$，货币流通速度的计算公式为：$V = Py/M$，Py 用名义 GDP 替代，则不同类型货币流通速度公式改写为：$V = $ 名义 GDP/M。详见表 8 - 7，图 8 - 5。

表 8 - 7　　　　　　　　1999—2018 年不同类型货币流通速度

年份	名义 GDP（亿元）	M_0 供应量（亿元）	M_1 供应量（亿元）	M_2 供应量（亿元）	V_{M_0}	V_{M_1}	V_{M_2}
1999	90564.4	13455.5	38953.7	104498.5	6.73	2.52	0.94
2000	100280.1	14652.7	45837.3	119897.9	6.85	2.29	0.88
2001	110863.1	15688.8	53147.2	134610.3	7.07	2.19	0.82
2002	121717.4	17278.0	59871.6	158301.9	7.05	1.98	0.76
2003	137422.0	19745.9	70881.8	185006.0	6.96	1.89	0.75
2004	161840.2	21468.3	84118.6	221222.8	7.54	1.85	0.70
2005	187318.9	24031.7	95969.7	254107.0	7.80	1.72	0.66
2006	219438.5	27072.62	107278.8	298755.7	8.11	1.63	0.62
2007	270232.3	30375.2	126028.1	345577.9	8.90	1.69	0.64
2008	319515.5	34218.0	152560.1	403442.2	9.34	1.75	0.63
2009	349081.4	38247.0	166217.1	475166.6	9.13	1.74	0.64
2010	413030.3	44628.2	221445.8	610224.5	9.26	1.77	0.67
2011	489300.6	50748.5	266621.5	725851.8	9.64	1.92	0.67
2012	540367.4	54659.8	289847.7	851590.9	9.89	1.58	0.57
2013	595244.4	58574.5	308664.2	974148.8	10.16	1.55	0.57
2014	643974.0	60259.5	337291.1	1106525.0	10.69	1.69	0.58

续表

年份	名义 GDP（亿元）	M_0 供应量（亿元）	M_1 供应量（亿元）	M_2 供应量（亿元）	V_{M_0}	V_{M_1}	V_{M_2}
2015	689052.0	63216.6	348056.4	1228374.8	10.90	1.75	0.56
2016	744127.0	68303.9	400953.5	1392278.1	10.90	1.77	0.54
2017	820099.5	70645.6	486557.3	1550066.7	11.61	1.85	0.53
2018	896915.6	73208.4	543790.2	1690235.3	12.25	1.72	0.50

数据来源：1999—2018 年《中国统计年鉴》和中国人民银行网站 http：//www.pbc.gov.cn/。

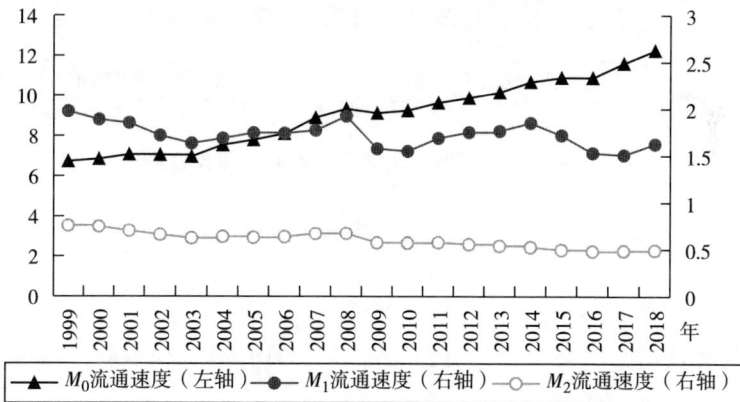

图 8 - 5　1999—2018 年不同类型货币流通速度

（3）外汇储备增长率

对外汇储备的年度数据采取对数差分形式，即可得到各年度外汇储备增长率（见表 8 - 8，图 8 - 6）。

表 8 - 8　　　　　　　　1999—2018 年中国外汇储备增长率　　　　　　单位：%

年份	外汇储备增长率	年份	外汇储备增长率
1999	6.70	2009	23.28
2000	7.05	2010	18.68
2001	28.14	2011	11.72
2002	34.99	2012	4.10
2003	40.80	2013	15.35
2004	51.25	2014	0.60
2005	34.26	2015	− 13.34
2006	30.22	2016	− 9.61
2007	43.32	2017	4.3
2008	27.34	2018	− 2.14

数据来源：1999—2018 年《中国统计年鉴》和《中国人民银行统计季报》。

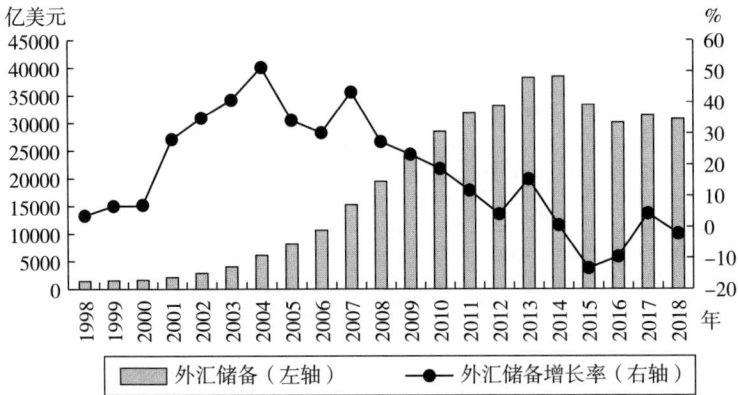

图 8 - 6   1999—2018 年外汇储备增长趋势

8.2.3   检验结果分析

（1）单位根检验

为避免伪回归问题，首先对各变量进行 ADF 单位根检验，以考察序列的平稳性（见表 8 -9）。

表 8 -9   各变量序列的 *ADF* 检验结果

变量	ADF 检验值	检验形式 (C, T, L)	DW 值	临界值		
				1%	5%	10%
Δm_t	-7.128	$(C, 0, 1)$	1.9617	-2.6801	-1.9568	-1.7491
$\pi_{t-1} - \pi_{t-1}^*$	-6.4903	$(C, 0, 1)$	2.5024	-2.7131	-1.9733	-1.8103
$y_{t-1} - y_{t-1}^*$	-3.8478	$(C, 1, 1)$	1.6345	-3.9074	-3.1224	-2.7031
$e_{t-1} - e_{t-1}^*$	-4.1092	$(C, 0, 1)$	1.7761	-3.1127	-1.9950	-1.8984
Δfe_t	-3.9340	$(C, 1, 1)$	1.9024	-3.9665	-3.1682	-2.7894

注：(C, T, L) 中的 "C" 表示 *ADF* 检验中含常数项，"T" 表示含趋势项（$T = 0$ 表示不包含趋势项，$T = 1$ 表示包含截距项，$T = 2$ 表示包含趋势项和截距项），"L" 表示滞后阶数（选取的标准式使得回归残差不存在自相关）。

单位根结果显示，各时间序列变量均属于 I（1）单整平稳序列，在此基础上，可以进行协整检验探讨各变量之间的协整关系。

（2）Johansen 检验

采用对多变量间进行协整检验的 Johansen 法分别对模型 1、模型 2 和模型

3 的线性组合进行协整检验，该方法是为了证明模型中各变量在长期内存在着稳定的结构关系，检验结果分别如表 8 – 10、表 8 – 11、表 8 – 12 所示。

表 8 – 10　　　　　　　　　模型 1 的 Johansen 检验结果

原假设	特征值	迹统计量检验			最大特征值统计量检验		
		迹统计量	临界值 (5%)	Prob. **	最大特征值统计量	临界值 (5%)	Prob. **
0 个 *	0.7936	42.7512	29.9077	0.0014	29.6375	21.4981	0.0045
至多 1 个	0.3048	14.0560	16.1135	0.1507	6.5218	14.0561	0.5164
至多 2 个 *	0.2702	5.9125	3.9044	0.0193	5.9074	3.8946	0.0163

注：*、** 分别表示 10%、5% 显著性水平下拒绝原假设。

表 8 – 11　　　　　　　　　模型 2 的 Johansen 检验结果

原假设	特征值	迹统计量检验			最大特征值统计量检验		
		迹统计量	临界值 (5%)	Prob. **	最大特征值统计量	临界值 (5%)	Prob. **
0 个 *	0.7617	53.1504	48.9071	0.0197	27.9110	28.8913	0.0662
至多 1 个	0.5302	23.0455	28.0560	0.1671	14.8923	22.4740	0.3728
至多 2 个	0.3349	10.3787	16.4417	0.1948	8.0874	15.0479	0.4395
至多 3 个 *	0.2020	4.0905	3.9184	0.0424	4.1917	3.9057	0.0510

注：*、** 分别表示 10%、5% 显著性水平下拒绝原假设。

表 8 – 12　　　　　　　　　模型 3 的 Johansen 检验结果

原假设	特征值	迹统计量检验			最大特征值统计量检验		
		迹统计量	临界值 (5%)	Prob. **	最大特征值统计量	临界值 (5%)	Prob. **
0 个 *	0.8689	90.8110	71.4468	0.0002	38.8110	35.8915	0.0151
至多 1 个 *	0.7605	55.0496	49.0551	0.0137	25.9842	28.0984	0.0973
至多 2 个	0.5418	28.3156	30.8544	0.0554	15.0516	22.4956	0.3012
至多 3 个	0.4635	14.9812	15.2867	0.1308	9.4786	15.8145	0.1439
至多 4 个	0.1307	2.9723	3.9054	0.1137	2.3815	3.9071	0.1108

注：*、** 分别表示 10%、5% 显著性水平下拒绝原假设。

根据迹统计量和最大特征值统计量所得结果进行检验，得出模型 1、模型 2、模型 3 中各变量之间存在长期稳定的均衡关系，可以进行进一步的回归分析。

（3）估计结果

表 8 - 13 列出了中国变参数基础货币规则的估计结果，其中模型 1 为双目标基础货币规则，模型 2 为加入汇率因素的基础货币规则，模型 3 为加入外汇储备因素的基础货币规则。

表 8 - 13   参数模型回归结果

	模型 1	模型 2	模型 3
C	11. 2817	12. 3814	8. 6725
$\pi_{t-1} - \pi_{t-1}^{*}$	− 0. 6913	− 0. 6208 ***	− 0. 7599 **
	（1. 5856）	（8. 2811）	（1. 9925）
$y_{t-1} - y_{t-1}^{*}$	0. 0365	− 0. 0307 **	− 0. 0735 **
	（0. 0108）	（2. 1572）	（0. 1347）
$e_{t-1} - e_{t-1}^{*}$	—	− 0. 3315 ***	− 0. 6928 ***
		（6. 0271）	（5. 6452）
Δfe_{t}	—	—	0. 1218 ***
			（3. 6387）
R^2	0. 6933	0. 8950	0. 9936
F 统计量	0. 9524	1. 4238	2. 0347
DW 统计量	1. 5672	0. 9625	1. 8674

注：* 、 ** 、 *** 分别表示参数在 10% 、5% 和 1% 的水平下显著，圆括号中的数字是各时间序列系数的 t 统计量值。

模型 1 的具体表达式为

$$\Delta m_t = 11. 2817 - 0. 6913（\pi_{t-1} - \pi_{t-1}^{*}）+ 0. 0365（y_{t-1} - y_{t-1}^{*}）+ \varepsilon_t$$

$$(8 - 12)$$

从经济意义解释，当出现正向通货膨胀缺口和产出缺口时，中央银行货币政策应适度收缩，防止经济过热，降低通货膨胀；当出现负向通货膨胀缺口和产出缺口时，中央银行货币政策应适度扩张，促进经济增长，防止通货紧缩。

由模型 1 可知，基础货币增长率对通货膨胀缺口的反应系数为 − 0. 6913，其经济意义合理；然而，基础货币增长率对产出缺口的反应系数为 0. 0365，其经济意义与现实操作相悖，是一种不稳定的货币政策规则，且参数在 1% 、

5% 和 10% 的水平表现均不显著，故剔除。

模型 2 的具体表达式为

$$\Delta m_t = 12.3814 - 0.6208(\pi_{t-1} - \pi_{t-1}^*) - 0.0307(y_{t-1} - y_{t-1}^*) - 0.3315 \times$$

$$(e_{t-1} - e_{t-1}^*) + \eta_t \qquad\qquad (8-13)$$

当出现正向汇率缺口时，意味着国际市场充斥了过多的货币，本币贬值，外币升值，此时，中央银行货币政策应适度收紧，回笼资金，减少本币供应；当出现负向汇率缺口时，意味着过少的货币难以支撑过多的商品，本币升值，外币贬值，此时，中央银行货币政策应适度扩张，增加本币供应。

由模型 2 可知，基础货币增长率对通货膨胀缺口、产出缺口和汇率缺口的反应系数分别是 -0.6208、-0.0307 和 -0.3315，与现实经济意义相符合，且均在 1% 和 5% 的水平表示显著，拟合优度也达 0.8950，该模型能够较合理地反映中国货币政策操作走向。

模型 3 的具体表达式为

$$\Delta m_t = 8.6725 - 0.7599(\pi_{t-1} - \pi_{t-1}^*) - 0.0735(y_{t-1} - y_{t-1}^*) - 0.6928 \times$$

$$(e_{t-1} - e_{t-1}^*) + 0.1218\Delta fe_t + \mu_t \qquad\qquad (8-14)$$

由模型 3 可知，基础货币增长率对通货膨胀缺口、产出缺口和汇率缺口的反应系数分别是 -0.7599、-0.0735 和 -0.6928，与现实经济意义相符合；基础货币增长率对外汇储备增长率的反应系数为 0.1218。这是因为，自 1994 年外汇体制改革以来，中国一直实行的是银行结售汇制度，随着改革开放进程的不断加快，合作领域的不断扩展，中国与世界各国双边贸易额呈上升趋势，同时，受出口导向型经济增长模式的引导，中国国际收支出现双顺差，即资本顺差与贸易顺差。受结售汇制度的影响，双顺差使出口企业需将外汇收入出售给指定银行，由后者按照市场汇率付给本币，外汇指定银行再将外币上交中国人民银行形成外汇储备，外汇储备增加，中央银行为维持人民币币值稳定，必须向社会投放同等数量基础货币，导致市场上流动的基础货币量上升。以上反应系数均在 1% 和 5% 的水平表现显著，且模型 3 的拟合优度为 0.9936，大于模型 2 的 0.8950，因此其对中国货币政策操作的衡量具有较好的指示作用，可以用作衡量和评价货币政策松紧度的基准。

8.3　本章小结

选取中国 1999—2018 年的数据作为样本，分别对利率规则和基础货币规则在中国货币政策操作中的适用性进行了检验。

在对利率规则进行测算时，构建引入利率平滑因子的利率规则模型和引入利率平滑因子的前瞻性利率规则模型，运用普通最小二乘法（OLS 法）和广义矩估计方法（GMM 法），通过实证分析后发现：银行间同业拆借利率符合利率规则的特征。当采用 OLS 法对引入利率平滑因子的利率规则进行测算时，利率平滑参数是 0.9067，在 5% 的水平表现显著；短期名义利率对通货膨胀缺口的调整参数估计值为 0.7756，在 1% 的水平表现显著；短期名义利率对汇率缺口的调整参数估计值为 −1.0611，在 10% 的水平表现显著；短期名义利率对产出缺口的调整参数估计值为 −2.3173，表现不显著，这与货币政策理论和实际操作相悖，故剔除。当采用 GMM 法对引入利率平滑因子的前瞻性利率规则进行测算时，利率平滑参数是 0.8922，在 1% 的水平表现显著；短期名义利率对通货膨胀缺口、产出缺口和汇率缺口的调整参数估计值分别是 1.7363、0.2734 和 −1.4402，均在 5% 以上的水平表现显著，对比而言，后者可能更加适合我国货币政策操作。

在对基础货币规则进行测算时，构建包含产出缺口和通货膨胀缺口的双目标基础货币规则模型，包含产出缺口、通货膨胀缺口和汇率缺口的三目标和在此基础上加入外汇储备因素的基础货币规则模型，运用普通最小二乘法（OLS 法），通过实证分析后发现：在双目标基础货币规则模型中，基础货币增长率对产出缺口的反应系数为 0.0365，其经济意义与现实操作相悖，是一种不稳定的货币政策规则，且参数在 1%、5% 和 10% 的水平表现均不显著，故剔除。在加入汇率缺口因素的基础货币规则模型中，基础货币增长率对通货膨胀缺口、产出缺口和汇率缺口的反应系数分别是 −0.6208、−0.0307 和 −0.3315，与现实经济意义相符合，且均在 1% 和 5% 的水平表现显著，拟合优度也达 0.8950，该模型能够较合理地反映中国货币政策操作走向。在加入外汇储备因素的基础货币规则模型中，基础货币增长率对通货膨胀缺口、产出缺口和汇率缺口的反应系数分别是 −0.7599、−0.0735 和 −0.6928，与现实经济意义相符合；基础货币增长率对外汇储备增长率的反应系数为 0.1218，以上反应系数均在 1% 和 5% 的水平表现显著，且加入外汇储备因素的基础货币规则拟合优度为 0.9936，大于加入汇率缺口因素的基础货币规则的 0.8950，因此其对中国货币政策操作的衡量具有较好的指示作用，可以用作衡量和评价货币政策松紧度的基准。

9 中国货币政策工具规则调控绩效检验

根据第 8 章的研究，引入利率平滑因子的前瞻性利率规则和加入外汇储备因素的，包含通货膨胀缺口、产出缺口和汇率缺口的三目标基础货币规则均适合中国货币政策操作，那么当面对外部冲击时，究竟哪种货币政策工具规则能更好地实现减缓经济波动、实现稳定增长的宏观经济目标？这是本章需要研究的问题。

选取货币政策工具规则中的引入利率平滑因子的前瞻性利率规则和加入外汇储备因素的，包含通货膨胀缺口、产出缺口和汇率缺口的三目标基础货币规则为研究对象，通过构建新凯恩斯主义动态随机一般均衡模型（DSGE 模型），研究不同货币政策工具规则选择及其调控绩效。在基准模型构建与推演中，为展现通货膨胀惯性和产出持续性，尤其更好地解释货币政策冲击对宏观经济的影响，采用工资价格黏性替代传统价格黏性（Christiano 等，2005；Smets 和 Wouters，2007），同时将预期因素、技术冲击、金融加速器机制（赵振全等，2007）与外生消费习惯（Fuhrer，2000）等特征引入模型，使其更贴近现实。

9.1 假设前提

构建了由居民、中间产品厂商、最终产品厂商、政府和中央银行（Woodford，2003；Rabanal，2007）五类经济主体组成的新凯恩斯主义 DSGE 模型，并借鉴 Dixit 和 Stigliz（1977）与 Blanchard 和 Kiyotaki（1987）关于垄断竞争模型及其设定，提出以下四点假设：

假设 1：存在许多同质性的居民单位 n，这些居民单位构成了测度为 1 的连续统 $n \in (0,1)$，每个居民单位皆提供差异化的劳动，且不同劳务间具有不完全替代性，即居民单位对工资率有一定的定价权。

假设 2：存在许多中间产品厂商 m，这些厂商构成了测度为 1 的连续统，$m \in (0,1)$，每个厂商生产有差别的同种产品，即产品间是不完全替代的，厂商面临需求约束，因此对产品具有一定程度的定价权，且中间产品厂商在剔除劳动力成本与资本成本后，能将超额利润转移支付给居民。

假设3：最终产品市场属于完全竞争市场，常见的例子如农产品市场（刘斌，2008；刘瑞明、石磊，2011）。

假设4：调整工资 W_t 或价格 P_t 的居民和企业，采取对未来理性预期的前瞻性定价策略；无法调整工资 W_t 或价格 P_t 的居民和企业，采取盯住上一期平均通货膨胀水平的后顾式定价策略。这是因为，目前价格双轨制依然发挥作用，即市场经济具有不完全性；同时由于受到认知局限、谈判时滞和信息不对称等因素影响，参考以往信息进行经济决策具有合理性。

9.2 模型构建

（1）居民。在预算约束条件下，居民 i 对消费 C_t、劳动力供给 L_t 以及资产选择进行决策，以实现自身效用的最大化。其中，消费能带来正效用，劳动会产生负效用。其行为决策由以下公式表示：

$$E_t\Big[\sum_{t=0}^{\infty} bTU\Big(\frac{M_{i,t}}{P_{i,t}}, C_{i,t}, L_{i,t}\Big)\Big] = E_t\Big[\sum_{t=0}^{\infty} bTU\Big(\phi_1 \frac{(M_{i,t}/P_{i,t})^{1-\gamma_1}}{1-\gamma_1} + A_t^C \times$$

$$\frac{(C_{i,t} - g'C_{i,t-1})^{1-\gamma_2}}{1-\gamma_2} - \phi_2 \frac{L_{i,t}^{1+\gamma_3}}{1+\gamma_3}\Big)\Big] \quad (9-1)$$

式（9-1）中：

E——居民理性预期算子；

b——折现因子；

TU——当期效用函数；

g'——消费惯性因子，体现了 $t-1$ 期消费对 t 期居民效用的影响，消费惯性因子不仅是研究货币政策如何影响通货膨胀的重要考虑因素（王君斌等，2011），而且对货币政策传导有重要作用（McCallum 和 Nelson，1999），它可以使模型生成的脉冲响应曲线呈驼峰分布，使之与经验研究趋于一致（Esrella 和 Fuhrer，2002）；

$C_{i,t}$——居民 i 在 t 时期对最终产品的消费；

γ_1——实际货币余额替代弹性，$\gamma_1 > 0$；

γ_2——恒定的风险规避系数，等于居民固定跨期消费替代弹性的倒数，

$\gamma_2 > 0$；

γ_3——劳动跨期供给替代弹性的倒数，$\gamma_3 > 0$；

$L_{i,t}$——居民 i 在 t 时期提供的劳动；

$P_{i,t}$——最终产品价格；

$M_{i,t}$——居民在 t 时期持有的货币数量；

$M_{i,t}/P_{i,t}$——持有的实际货币余额。

约束条件为

$$\Gamma_{i,t}^1 = \left(\frac{M_{i,t-1}}{P_{i,t}} - \frac{M_{i,t}}{P_{i,t}}\right) + \left[\frac{N_{i,t}}{P_{i,t}} - \frac{N_{i,t}}{P_{i,t}(1+r_t)}\right] + Y'_{i,t} - C_{i,t} - I_{i,t} = 0$$

$$(9-2)$$

$$\Gamma_{i,t}^2 = (1-\theta)K_{i,t} + \left[1 - Z(I_{i,t}/I_{i,t-1})\right]I_{i,t}A_t^I - K_{i,t} = 0 \qquad (9-3)$$

$$Y'_{i,t} = W_{i,t}L_{i,t} + \eta_{i,t}^K K_{i,t-1} + s\pi_{i,t} - T_{i,t} \qquad (9-4)$$

$$A_t^C = (A^{C\prime})^{1-\xi^C}(A_{t-1}^C)^{\xi^C}\mu^C \qquad (9-5)$$

$$A_t^I = (A^{I\prime})^{1-\xi^I}(A_{t-1}^I)^{\xi^I}\mu^I \qquad (9-6)$$

式中：

$N_{i,t}$——居民在 t 时期持有的名义债券数额；

θ——资本折旧率；

$I_{i,t}$——居民 i 在 t 时期的投资额；

$K_{i,t}$——居民 i 在 t 时期拥有的资产数量，居民可以通过自身拥有的资本数量做出投资决策，确定资本利用率；

r_t——名义利率；

$\eta_{i,t}^K$——资本的实际收益率；

$Y'_{i,t}$——居民的可支配收入；

$W_{i,t}$——每小时劳动价格；

$s\pi_{i,t}$——中间厂商向居民支付的剩余利润；

$T_{i,t}$——税收；

A_t^I——投资冲击；

A_t^C——总需求冲击；

$A^{C\prime}$、$A^{I\prime}$——A_t^C、A_t^I 的稳态值；

μ^C、μ^I——居民消费与投资的随机误差项。

采用 Lagrange 算法，以上公式可以表示为

$$TU_t^{Max} = E_t \Big[\sum_{i=0}^{\infty} b TU(M_{i,t}/P_{i,t}, C_{i,t}, L_{i,t}) + \beta_{i,t} \Gamma_{i,t}^1 + \beta_{i,}\chi_{i,t} \Gamma_{i,t}^2 \Big] \quad (9-7)$$

式（9-7）中：

$\beta_{i,t}$、$\beta_{i,}\chi_{i,t}$——约束条件 $\Gamma_{i,t}^1$、$\Gamma_{i,t}^2$ 的拉格朗日因子。

实际利率 η_t^K 等于 $(1+r_t)(1+\pi_{t+1})-1$，通货膨胀率 π_t 等于 $P_{i,t}/P_{i,t-1} - 1$，则最优化条件为

消费：

$$\beta_{i,t} = A_t^C (C_{i,t} - g'C_{i,t-1})^{-\gamma_2} \quad (9-8)$$

劳动力供给：

$$\phi_2 L_{i,t}^{\gamma_3} = \beta_{i,t} W_{i,t} \quad (9-9)$$

投资：

$$\beta_{i,t} = E_t [b(1+\eta_t)\beta_{t+1}] \quad (9-10)$$

资本：

$$\chi_{i,t} = E\{b[(1-\theta)\chi_{i,t+1} + \eta_{t+1}^K]\beta_{i,t+1}/\beta_{i,t}\} \quad (9-11)$$

货币需求：

$$\phi_1 [M_{i,t}/P_{i,t}]^{-\gamma_1} = \beta_{i,t} r_t/1 + r_t \quad (9-12)$$

债券需求：

$$E\Big[\chi_{i,t} A_t^I (1 - Z - \frac{I_{i,t}}{I_{i,t-1}} Z') + b \frac{\beta_{i,t+1}\chi_{i,t+1} A_{t+1}^I}{\beta_{i,t}} (\frac{I_{i,t+1}}{I_{i,t}})^2 Z'\Big] = 1 \quad (9-13)$$

（2）中间产品厂商。中间产品厂商能将中间产品出售给生产最终产品的企业，其生产函数服从 Cobb—Douglas 形式：

$$Y_t^m = (A')^{1-\delta} A_{t-1}^\delta K_{m,t-1}^\alpha L_{m,t}^{1-\alpha} \vartheta^\varepsilon \quad (9-14)$$

式（9-14）中：

Y_t^m——t 时期第 m 个中间产品厂商产量；

$K_{m,t-1}$——企业为生产中间产品投入使用的资本；

$L_{m,t}$——企业为生产中间产品投入使用的劳动；

α、$1-\alpha$——资本、劳动的产出弹性；

A_t——经济体的技术因子；

A'——A_t 的动态稳定值；

ϑ^ε——随机误差项。

企业如何优化中间产品生产可通过以下方程刻画：

$$TC_t^{Min1} = W_{m,t}L_{m,t} + \eta_{m,t}K_{m,t-1} + \lambda_t \big[(A')^{1-\delta}A_{t-1}^{\delta}\vartheta^{\varepsilon}K_{m,t-1}^{\alpha}L_{m.t}^{1-\alpha} - Y_t^m \big]$$

$$(9-15)$$

式（9-15）中：

$W_{m,t}$——每小时劳动价格；

$\eta_{m,t}$——每小时资本实际收益率；

λ_t——动态约束条件下对应的拉格朗日因子，实际上它也是生产单位产品的实际边际成本。

对方程一阶求导可得最优化条件为

$$\lambda_t = (\eta_{m,t}^K)^{\alpha}W_{m,t}^{1-\alpha}\big[\alpha^{-\alpha}(1-\alpha)^{\alpha-1}\big] / (A')^{1-\delta}A_{t-1}^{\delta}\vartheta^{\varepsilon} \qquad (9-16)$$

$$W_{m,t}L_{m,t} = (1-\alpha)\lambda_t Y_t^m \qquad (9-17)$$

$$\eta_{m,t}^K K_{m,t-1} = \alpha\lambda_t Y_t^m \qquad (9-18)$$

在需求约束的假设前提下，生产中间产品的厂商对产品具有一定的定价权，因此，令 t 期并不是所有的厂商都同时调整自己的价格水平，假定经济体中，需要进行价格调整的厂商占全部厂商的 $(1-\mu)$，剩余未调整价格的厂商，其产品价格随上一期通货膨胀率 π_t 上下波动，故中间厂商产品定价行为可以通过利润最大化问题进行解释。

$$\text{Prifit}_t^{Max} = E_t\Big\{ \sum_{i=0}^{\infty} (\mu\alpha)^i \beta_{i+t} Y_{i+t}(P_t^m/P_t - \lambda_t)(P_t^m/P_t)^{1-1/\beta} \Big\} \quad (9-19)$$

$$P_t^m = \sum_{i=0}^{\infty} P_t^{m\prime}(1+\pi_{t+i-1}) \qquad (9-20)$$

式中：

β_{i+t}——财富的边际效用；

Y_{i+t}——社会最终产品；

P_t^m——第 m 类中间产品价格；

P_t——社会产品总价格水平。

公式（9-19）最优化求导结果为

$$E_t\Big\{ \sum_{i=0}^{\infty} \Big[\frac{(\mu\alpha)^i\beta_{i+t}Y_{i+t}}{\beta_{i+t}^P}\Big(\frac{P_t^{m\prime}}{P_t} - \frac{(1+\beta_{i+t})\lambda_t P_{t-1}P_{i+t}}{P_t P_{i+t-1}} \Big) \Big] \Big\} = 0 \quad (9-21)$$

在得到中间产品最优价格后，社会总价格水平用以下方程决定：

$$P_t^{-1/\beta_t^P} = (1-\mu)(P_t')^{-1/\beta_t^P} + \mu\big[P_{t-1}(1+\pi_{t-1})^{-1/\beta_t^P} \big] \qquad (9-22)$$

（3）最终产品厂商。生产最终产品厂商将中间产品加工成最终产品，并出售给其他经济主体，其生产函数为

$$Y_t = \left[\int_0^1 (Y_t^m)^{1/1+\beta_t^P} dm \right]^{1+\beta_t^P} \tag{9-23}$$

式（9-23）中：

Y_t——最终产品；

Y_t^m——第 m 个中间产品厂商产量；

β_t^P——不同中间产品间的替代弹性，且 $\beta_t^P > 1$，其倒数为中间产品的需求价格弹性，由于价格加成比为 $1 + \beta_t^P$，因此其具有时变性特征（Castelnuovo，2006）。

则最终产品厂商追求成本最小化行为决策由以下方程描述：

$$TC_t^{Min1} = \int_0^1 P_t^m Y_t^m dm - \varpi \left\{ \left[\int_0^1 (Y_t^m)^{1/1+\beta_t^P} dm \right]^{1+\beta_t^P} - Y_t \right\} \tag{9-24}$$

式（9-24）中：

P_t^m——第 m 类中间产品的价格；

ϖ——对应的拉格朗日因子。

公式（9-24）一阶最优化条件为

$$Y_t^m = (P_t^m / \varpi)^{-(1+\beta_t^P)/\beta_t^P} Y_t \tag{9-25}$$

根据假设 2，生产最终产品厂商在完全竞争条件下利润应为零，将 Y_t^m 代入 Y_t 中化简整理，最终产品总价格的决定规则应满足：

$$P_t = \left[\int_0^1 (P_t^m)^{-1/\beta_t^P} dm \right]^{\beta_t^P} \tag{9-26}$$

（4）政府。从社会福利角度分析，在考虑其他经济主体的行为决策下，政府通过调整税收与转移支付等手段使社会福利函数达到最大化。本书采用 Ricardo 式的财政政策规则，令政府部门跨期预算约束为

$$M_{t-1} + B_{t-1}/P_t + G_t - T_t = M_t/P_t + B_t/P_t(1 + r_{Bt}) \tag{9-27}$$

$$M_t = (M')^{1-\varphi_M} M_{t-1}^{\varphi_M} \vartheta^{\varepsilon_1} \tag{9-28}$$

式中：

M_t——货币供给量；

B_t——政府债券余额；

P_t——社会价格水平；

G_t——非转移支付的政府支出；

T_t——对所有居民单位及厂商的转移支付；

r_{Bt}——债券的名义利率；

M'—— M_t 的稳态值；

$\vartheta^{\varepsilon 1}$——随机误差项。

（5）中央银行。中央银行实施货币政策的目标是充分就业、价格稳定、经济持续增长与国际收支平衡，因此货币政策在实施时不仅要考虑经济增长率、通货膨胀预期等宏观经济指标，而且还应保证货币政策的持续性与稳定性。本章在第 8 章研究的基础上，选取货币政策工具规则中的利率规则和基础货币规则作为研究对象。利率规则的函数形式如下所示，u_t 是包含利率冲击的随机扰动项①：

$$i'_t = \rho i'_{t-1} + (1-\rho)(\pi_t + i_t^r) + (1-\rho)(\alpha \pi_{t+k}^{gap} + \beta Y_{t+k}^{gap} + \theta e_{t+k}^{gap}) + u_t$$

$$(9-29)$$

基础货币规则函数形式如下所示，μ_t 表示包含货币增速冲击的随机扰动项②：

$$\Delta m_t = (\Delta y_t^* + \pi_t^*) - \Delta \bar{v}_{t-1} + \alpha_1(\pi_{t-1} - \pi_{t-1}^*) + \alpha_2(y_{t-1} - y_{t-1}^*) +$$

$$\alpha_3(e_{t-1} - e_{t-1}^*) + \alpha_4 \Delta f e_t + \mu_t \qquad (9-30)$$

（6）市场出清条件。首先观察商品市场的出清条件，其总需求为

$$AD_t = C_t + I_t + G_t = \int_0^1 C_{n,t} dn + \int_0^1 I_{n,t} dn + G_t \qquad (9-31)$$

根据假设 1，中间产品市场属于垄断竞争市场，从生产法的角度考虑，中间产品的总产出并不等于总需求，还应包含垄断利润，因此总需求 AD_t 应该等于中间产品总产出与垄断利润 τ_t 之和，故中间产品市场均衡条件为

$$\hat{Y}_t^m - \tau_t = AD_t^m = Y_t^m = (P_t^m/\varpi)^{-(1+\beta_t^P)/\beta_t^P} Y_t =$$

$$(P_t^m/\varpi)^{-(1+\beta_t^P)/\beta_t^P}(C_t + I_t + G_t) \qquad (9-32)$$

---

① 利率冲击 $u_t = \psi u_{t-1} + \varepsilon_t^i$，$\psi$ 为一阶自回归系数，$0 \leqslant \psi < 1$，ε_t^i 服从数学期望为 0，方差为 σ_f^2 的正态分布。

② 货币增速冲击 $\mu_t = v\mu_{t-1} + \varepsilon_t^M$，$v$ 为一阶自回归系数，$0 \leqslant v < 1$，ε_t^M 服从数学期望为 0，方差为 σ_M^2 的正态分布。

对等式两边进行加总，即可得最终产品市场出清条件：

$$Y_t = \int_0^1 Y_t^m dm = (C_t + I_t + G_t) \int_0^1 (P_t^m / \varpi)^{-(1+\beta_t^P)/\beta_t^P} dm + \tau_t \quad (9-33)$$

其次分析劳动力市场的出清条件。从厂商与居民的行为决策可得对劳动力的总需求和总供给分别为

$$L_t^D = \int_0^1 L_{m,t} dm = \int_0^1 [(1-\alpha)\lambda_t Y_t^m / W_t] dm \quad (9-34)$$

$$L_t^S = \int_0^1 L_{i,t} di = \int_0^1 (\beta_t W_t)^{1/\gamma_L} di \quad (9-35)$$

则劳动力市场出清条件是

$$L_t = \int_0^1 L_{m,t} dm = \int_0^1 L_{i,t} di \Leftrightarrow \int_0^1 [(1-\alpha)\lambda_t Y_t^m / W_t] dm = \int_0^1 (\beta_t W_t)^{1/\gamma_L} di$$

$$(9-36)$$

同理可得，资本市场与货币市场的出清条件分别为

$$K_t = \int_0^1 K_{m,t} dm = \int_0^1 K_{i,t} di \quad (9-37)$$

$$M_t = \int_0^1 M_{i,t} di = \int_0^1 P_t \left[\frac{(1+e_t)\phi_1}{\beta_t e_t} \right]^{1/\gamma_1} di = (M')^{1-\varphi_M} M_{t-1}^{\varphi_M} e^{\varepsilon_1} \quad (9-38)$$

9.3 参数校准估计

采用中国 1999 年第一季度至 2018 年第四季度共 80 期数据来对模型动态参数进行估计，数据来源于 1999—2018 年历年《中国统计年鉴》和 CEIC 中国经济数据库。观测参数包括历年实际 GDP、实际消费 C_t、投资 I_t、资本存量 K_t、劳动就业量 L_t、基础货币 M_b、政府公共开支 G_t、7 天期银行间同业拆借利率和通货膨胀率 π_t。居民收入除消费和交税外，剩余部分或者储蓄，或者以准货币形式持有，与新凯恩斯主义理论模型经济含义相符（许伟和陈斌开，2009）。选取 CPI 增长率衡量通货膨胀是因为，与商品零售价格指数相比，CPI 增长率不仅能够反映商品在经过流通环节时所形成的最终价格，而且更能全面反映国内物价水平的变化。

对于新凯恩斯主义动态随机一般均衡模型，参数一般采用校准法进行赋值，并用 Bayes 方法对参数进行抽样和检验。本书中需要校准的稳态参数有 14 个，分别是：

（1）折现因子 b。国内外文献对季度数据的折现因子设定区间为 $b \in$ （0.98,0.99）。如 Gilchrist 和 Saito（2006）、杜清源和龚六堂（2005）和王彬（2010）设定为 0.984，吴化斌等（2011）取值为 0.98，王君斌等（2011）定为 0.985，本书将折现因子设定为 0.985。

（2）消费惯性因子 g'。根据 Duesenberry 的相对收入消费理论，当消费者之间产生"示范效应"时，后者的消费行为不可能迅速赶上前者，故其值必定介于 0 到 1 之间。Christiano 等（2005）在 Duesenberry 研究的基础上，进一步得出，消费惯性因子取值区间应为 $g' \in$（0.5,0.8）。刘斌（2008）采用 *Bayes* 估计将该参数区间缩小至 0.62~0.68，在此取均值令 $g' = 0.65$。

（3）根据 Ireland（2004）的设定，实际货币余额替代弹性 γ_1 选取 0.16，这意味着样本期内居民消费对货币的替代弹性较小，即居民持有的货币余额较多，而消费水平较低，多余的货币不能有效地转化为消费。这也符合当前市场化进程中因社会保障体系没有相应配套推进，居民出于规避风险或预防性动机而导致内需不足的现状。

（4）风险规避系数 γ_2。消费跨期替代弹性的倒数即为风险规避系数 γ_2，顾六宝与肖红叶（2004）采用 Euler 公式和 Arrow – Pratt 风险测度公式，得出该参数分别为 3.169 和 3.916，本书取其中间值为 3.565。

（5）劳动跨期供给替代弹性的倒数 γ_3。国内外文献（贾俊雪和郭庆旺，2010；黄炎龙等，2011；Rabanal 和 Ramírez，2005）设定劳动供给弹性区间为 $\gamma_3 \in$（0.5,0.8），王君斌（2010）、Christiano 等（2005）定义该参数为 1，刘斌（2008）在分析中国经济时，通过 Bayes 估计得到此参数值为 2，这也比较适合当前中国劳动力过剩现状，因此本书取相同值。

（6）资本折旧率 θ。国内外学者（Rabanal，2007；龚六堂和谢丹阳，2004；杜清源和龚六堂，2005；吴化斌等，2011）对资本折旧率进行估算时，通常令该数值等于 0.025，在此也取该值。

（7）资本的产出弹性 α。鉴于不同研究中使用的数据和模型各异，当前关于资本产出弹性值尚未达成统一定论。陈昆亭和龚六堂（2004）、黄赜琳（2005）认为，资本产出弹性区间为 $\alpha \in$（0.2,1），Rabanal（2007）估算该值为 0.36，崔光灿（2006）、刘斌（2008）、李浩和钟昌标（2008）设定该值分别为 0.33、0.4 和 0.325，在此取其均值 0.354。

（8）不同中间产品的替代弹性 β_t^P。李春吉与孟晓宏（2006）根据新凯恩斯主义垄断竞争模型估计其值等于3.7064，王文甫（2010）设定为4.6，鉴于模型和应用方法的差异，文中把此参数设定为6（Rabanal，2007；简志宏等，2011）。

（9）根据第8章研究结果，利率规则中利率平滑参数、通货膨胀缺口系数、产出缺口系数与汇率缺口系数分别为0.8922、1.7363、0.2734和−1.4402，基础货币规则中通货膨胀缺口系数、产出缺口系数、汇率缺口系数和外汇增长率系数分别为−0.7599、−0.0735、−0.6928和0.1218。

为解决上述参数估计的主观性与研究过程中参数的非可变性问题，进一步采用 *Bayes* 原理对参数进行事后检验与修正，从而使参数估计更加有效。首先，假设模型中的参数 ζ 是随机变量，其先验概率密度函数为 $f(\zeta)$，根据 *Bayes* 原理，参数 ζ 事后概率密度函数 $f(\zeta \mid Y_t)$ 对数形式为

$$\ln f(\zeta \mid Y_t) = \ln B(\zeta \mid Y_t) + \ln f(\zeta) - \ln f(Y_t) \qquad (9-39)$$

其次，运用 MCMC（Markov Chain Monte Carlo）方法对参数进行模拟，并基于 MH（Metropolic Hasting）方法在每条 Markov 链上采用递推算法进行1000次随机抽样，并剔除抽样前50%的抽样值。参数估计的多变量收敛与单变量检验结果显示（见表9−1），随着模拟次数的增加，估计结果呈现稳健性特征，测量参数皆通过收敛性检验。

表9−1　　　　　　　　　结构参数的 *Bayes* 先验与后验估计

变量	变量含义	先验估计	先验分布	后验均值	后验区间		标准差
b	折现因子	0.985	Beta	1.0087	0.9566	1.0588	0.02
g'	消费惯性因子	0.650	Normal	0.6693	0.6287	0.7103	0.02
γ_1	实际货币余额替代弹性	0.160	Beta	0.1729	0.1402	0.1936	0.02
γ_2	风险规避系数	3.565	*Beta*	3.5941	3.5341	3.6502	0.03
γ_3	劳动跨期供给替代弹性的倒数	2.000	Normal	2.0016	1.9811	2.0273	0.01
θ	资本折旧率	0.025	Beta	0.0203	0.0157	0.0261	0.01
α	资本产出弹性	0.354	Beta	0.3827	0.3255	0.4377	0.03
β_t^P	不同中间产品替代弹性	6.000	Beta	6.0011	5.9622	6.0321	0.02

9.4　调控绩效检验

基于上述参数估计，利用 Matlab 软件对 DSGE 模型进行脉冲响应函数模拟

仿真，考察当经济系统面临外生冲击时，何种货币政策工具规则能实现中央银行对宏观经济的有效调控；并从中央银行福利损失函数角度出发，对比分析不同货币政策工具规则的调控绩效。

9.4.1 拟合分析

为检验模型的适用性，利用 Bayes 估计得到的参数值模拟当经济系统受到 1 单位标准差冲击时，实体经济的产出、通货膨胀、消费、投资、政府支出、利率规则调控下的利率及基础货币规则调控下的基础货币供给量与模拟经济特征相对比。分别用各变量自相关系数来衡量其波动持续性，用各变量标准差与产出标准差之比衡量其波动性大小，用各变量与产出相关系数反映顺周期性特征及其强弱。利率规则与基础货币规则调控下的实际经济与模拟经济结果分别如表 9 - 2 和表 9 - 3 所示。

表 9 - 2　　　　　利率规则调控下实际经济与模拟经济对比

	实际经济				模拟经济			
	自相关系数	标准差（%）	与产出标准差比值	与产出相关系数	自相关系数	标准差（%）	与产出标准差比值	与产出相关系数
产出	0.97	9.41	1.00	1.00	0.85	9.01	1.00	1.00
通货膨胀	0.84	10.16	0.39	0.35	0.14	7.49	0.53	-0.27
消费	0.86	6.75	0.71	0.66	0.68	4.51	0.77	0.51
投资	0.90	12.39	1.54	0.87	0.79	10.39	3.02	0.77
政府支出	0.88	5.62	0.75	0.74	0.77	3.94	1.07	0.53
利率	0.82	7.28	0.55	0.49	0.79	10.06	0.65	0.42

注：实际经济数据根据 1999—2018 年各变量季度数据计算，模拟经济数据源自本书模型模拟结果。

表 9 - 3　　　　　基础货币规则调控下实际经济与模拟经济对比

	实际经济				模拟经济			
	自相关系数	标准差（%）	与产出标准差比值	与产出相关系数	自相关系数	标准差（%）	与产出标准差比值	与产出相关系数
产出	0.95	3.20	1.00	1.00	0.87	7.49	1.00	1.00
通货膨胀	0.84	1.06	1.04	0.31	0.39	5.26	0.86	0.26
消费	0.99	9.48	0.60	0.35	0.91	14.19	1.31	0.31

续表

	实际经济				模拟经济			
	自相关系数	标准差（%）	与产出标准差比值	与产出相关系数	自相关系数	标准差（%）	与产出标准差比值	与产出相关系数
投资	0.85	3.46	3.95	0.84	0.75	6.83	5.28	0.76
政府支出	0.77	5.15	2.55	0.78	0.69	9.47	3.11	0.66
基础货币	0.90	2.28	1.69	0.21	0.90	6.05	2.63	0.25

注：同表9－2。

根据利率规则调控下的实际经济和模拟经济对比结果可以发现：模拟经济预测的六变量均有较高的自相关性，这与实际经济特征基本一致；模拟经济变量预测的波动性顺序依次为投资、政府支出、消费、利率和通货膨胀，与实际经济变量波动性排序一致；模拟经济变量预测中除通货膨胀以外，消费、投资、政府支出、利率与产出的相关系数均大于零，即这四个变量与产出协同运动，和实际经济一样，呈顺周期性特征。

根据基础货币规则调控下的实际经济与模拟经济对比结果发现：模拟经济预测变量波动性顺序依次为投资、政府支出、基础货币、消费和通货膨胀，而实际经济中波动顺序依次为投资、政府支出、基础货币、通货膨胀和消费，除通货膨胀和消费外，其余变量顺序相同；模拟经济变量预测中通货膨胀、消费、投资、政府支出、基础货币与实体经济一样呈现顺周期性特征。

由表9－2、表9－3得知，利率规则与基础货币规则DSGE模型整体预测结果与实际经济比较接近，即两种货币政策规则反应函数能够较为准确地反映我国实际经济波动和货币政策的调整变化。

9.4.2 不同工具规则的冲击响应

减轻经济波动、防止通货膨胀、实现稳定增长是中央银行进行货币政策调控的重中之重，鉴于此，以不同冲击对产出和通货膨胀的影响为基础，从货币政策调整与非货币政策冲击两方面对比分析利率规则与基础货币规则的调控绩效。

（1）货币政策调整

恰当的货币政策工具应通过自身松紧变换最大限度来熨平经济波动，其调整时间可划分为传导时滞与持续时间两个层面。传导时滞又包括内部时滞与外部时滞两部分，鉴于内部时滞与中央银行的决策过程有关，带有较强的主观性，因此将研究的侧重点放在与货币政策传导机制密切相关的外部时滞较为合适。货币政策持续时间是指从货币政策工具作用于宏观经济变量的影响起始，至政策影响消失的时间距离，其响应时间过长，无疑会降低货币政策调控效率。尤其当宏观经济形势出现逆转，如果仍施行之前制定的货币政策很可能导致实施效果与现实经济运行状况相背离。因此，货币政策工具的脉冲响应时间越短越好，其调控结果如图 9 - 1 所示。

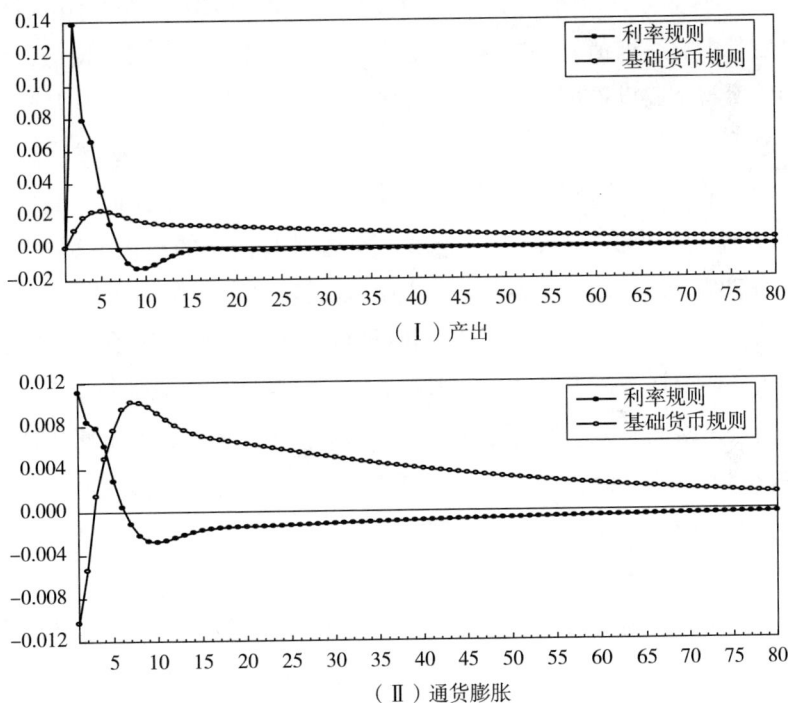

图 9 - 1　货币政策冲击的脉冲响应

图 9 - 1（Ⅰ）显示，在利率规则调控下，产出响应先急剧跃升，第 3 期达到峰值 13.91% 后开始骤然下降，第 10 期达到最小值 - 1.66%，然后上升，到第 16 季度响应消失。而货币供给量增加 1% 时，产出响应先上升，至第 5 期达到最高点 2.21% 后开始缓慢下降，一直延续到样本期结束才逐渐归零。这是因为，货币供给量增加初期会促进产出水平上升，中后期上升幅度减缓，从整体观察，以基础货币规则为代表的数量型货币政策冲击能在较长时间作用于

宏观经济。根据 Friedman 的永久收入消费理论，存款利率上升，意味着提高居民现期收入水平，增加了未来消费的机会成本，促使将原本用于投资的货币转为消费；同时增加企业融资成本，压缩企业利润空间。依据"乘数—加速数"原理，投资减少通过乘数效应致使产出水平下降，产出水平下降反过来又通过加速效应引起投资更大幅度的下滑。提高货币供给量虽然初期能促使产出上升，但中后期动力明显不足，其对产出贡献有限。

图 9 - 1（Ⅱ）显示，面对利率规则调控冲击，通货膨胀即期便做出调整，达到 1.09% 的峰值后开始下滑，于第 10 季度降至 - 0.37% 的最小值后略有上升，之后其影响逐渐消失。这意味着，利率上升短期会减少货币流量，增加居民即期消费与企业投资扩大生产规模的成本，经济主体因而减少消费与投资，从而对总需求产生负向冲击。如果产出水平不变，需求减少必然导致供过于求，物价水平下降。与利率规则不同，当货币供给量增加 1% 时，通货膨胀的响应从 - 1% 的最小值急剧跃升，至第 9 期达到 1.05% 的最大值后缓慢回落，直至样本期结束，基础货币规则调控冲击对通货膨胀仍保持 0.26% 以上的影响。根据货币数量论的思想，当货币供给 M 增加时，如果货币流通速度 V 不变且收入 y 处于其潜在水平之上，则通货膨胀 π 的产生主要是货币供给增加的结果。随着价格上升，居民与企业会产生通货膨胀预期，人们不愿让自己的储蓄与现行收入贬值，而会在价格上升前把它花掉，从而产生过度消费购买，储蓄与投资因此减少，经济增长率下降，这也与图 9 - 1（Ⅰ）产出对基础货币规则的响应趋势一致。

以上说明，产出与通货膨胀对利率规则的动态响应程度高于基础货币规则，但响应时滞短于基础货币规则，因此如果宏观经济没有面临"急扭转"或者"急刹车"，则中央银行运用利率规则进行宏观调控要比基础货币规则更有效。

（2）非货币政策冲击

图 9 - 2 为 1 个标准差正向技术冲击下产出与通货膨胀从 0 ~ 80 期的脉冲响应。由图 9 - 2（Ⅰ）可以发现，面对利率规则与基础货币规则货币政策调控时，虽然产出对技术冲击的响应趋势总体一致，均向下跳跃，分别于第 1 期和第 2 期达到最小值 - 0.017% 和 - 0.079% 后快速回升，并于第 10 期和第 12 期分别达到最大值 0.028%、0.012%，随后逐渐下行，长期影响为正，但相

对于利率规则而言，在基础货币规则调控下，产出波动幅度较大。图9－2（Ⅱ）显示，基础货币规则调控下，第1～12期通货膨胀对技术冲击的响应从最小值－2.1%上升至峰值6.8%，随后下降，到第50期响应消失。利率规则调控下，通货膨胀从第0～2期出现短暂下滑，然后攀升，第10期达到正向响应峰值1.8%，而后回调，至第30期响应消失。

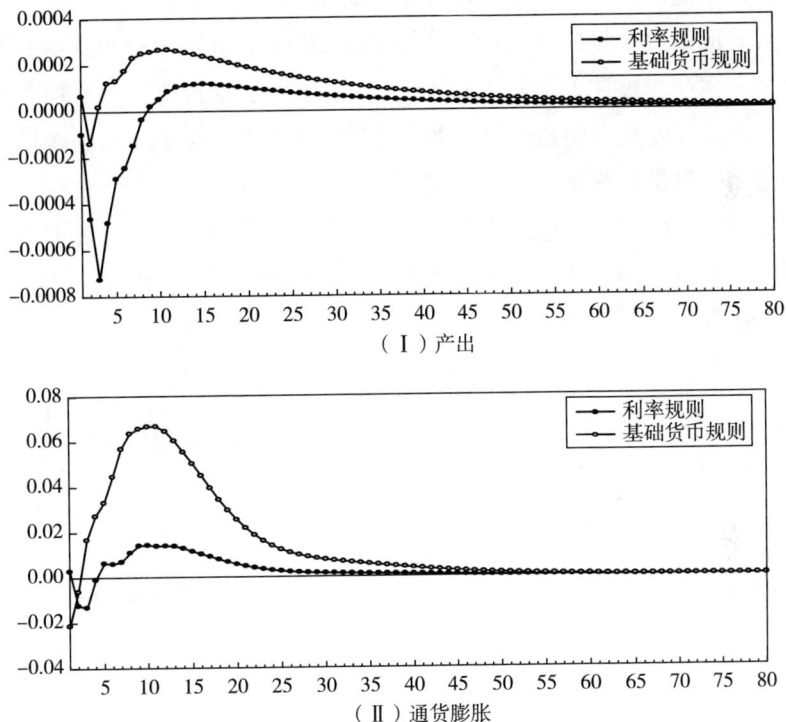

（Ⅰ）产出

（Ⅱ）通货膨胀

图9－2　利率规则与基础货币规则调控下技术冲击的脉冲响应

图9－3为1个标准差正向消费冲击下产出与通货膨胀从0～80期的脉冲响应。在基础货币规则调控下，消费需求冲击使得产出与通货膨胀在样本期内均呈正响应，分别在冲击后第12期和第10期达到最大值5.89%和6.05%，随后下降，至第70期产出响应消失，而通货膨胀响应则一直延续到样本期结束，这表明正向消费冲击在较短时期内会扩大产出，提高通货膨胀。利率规则调控下消费冲击对产出呈负响应，在第8期达到最小值－1.97%，此后逐渐回升，至第55期响应结束；通货膨胀即期便做出响应，随后由－0.98%的最小

值短暂上升，第 5 期由负响应转为正响应，并于第 10 期达到最大值 0.91%。这表明利率上升，居民现期收入水平提高，未来消费成本减少，直接增加了居民的财富拥有量，经济主体为防止财富贬值会偏向减少即期消费，从而导致储蓄增加，投资减少，这是利率规则对消费的需求面效应。而企业边际成本由员工工资、资本租金与外部融资利息三部分组成，消费冲击伴随商品和资本市场购买产品与资本的竞争加剧，物价上涨，实际货币量因价格上涨而减少，进而用于投机目的的货币量减少，企业外部融资成本上升，对劳动和资本的需求萎缩，其扩大生产积极性逐渐丧失。虽然通货膨胀上升会鼓励企业增加存货和更新设备，但前提是企业须通过外部融资筹措到必需的资金，一旦金融机构惜贷或者在适当时机拒绝为企业扩大信贷，企业就要减少信贷，生产萎缩，这是利率规则对产出的供给面效应。当供给面效应强于需求面效应时，就可以观察到产出下滑（第 0 ~ 10 期），当供给面效应弱于需求面效应时，产出逐渐上升（第 10 ~ 55 期）。

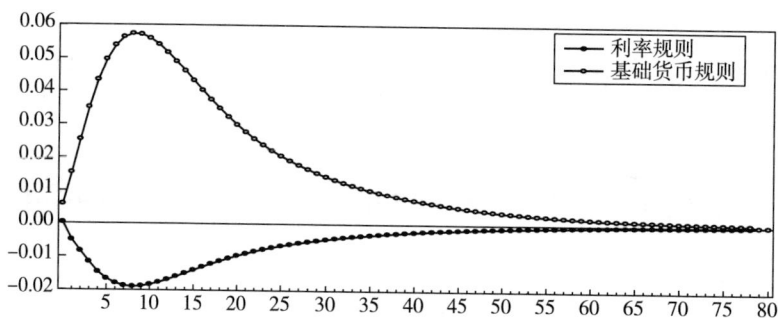

（Ⅰ）产出

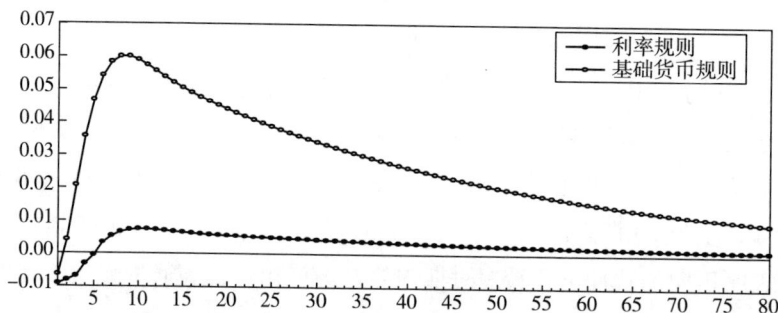

（Ⅱ）通货膨胀

图 9 - 3　利率规则与基础货币规则调控下消费冲击的脉冲响应

　　图9-4为1个标准差正向投资冲击下产出与通货膨胀从0~80期的脉冲响应。从图形观察：在两种货币政策工具规则调控下，产出与通货膨胀对投资冲击的动态响应均呈衰减性阻尼振动，需经多轮调整后才会趋于稳态水平。不同的是，利率规则调控下，产出与通货膨胀第一轮调整表现为即期便做出响应，分别达到28.1%和20.2%的峰值后迅速下滑，第二轮调整表现为第5期和第1期达到-8.3%和-7.6%的最小值后逐渐上升，第三轮调整表现为第12期和第5期达到2.05%和3.34%后趋于稳态水平。基础货币规则调控下，通货膨胀于即期达到7.4%的峰值迅速下滑，第2期至-8.9%最小值后开始震荡攀升，第11期达到1%后逐渐趋于平稳；产出响应较通货膨胀而言具有时滞性，于第2期至最小值-9.7%，然后上升，至第5期达到3.7%开始下滑，最后趋于稳态水平。

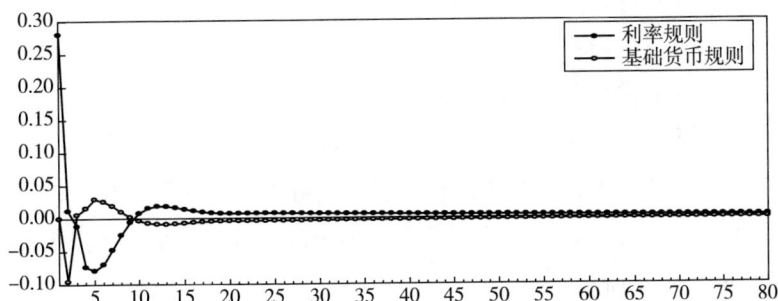

（Ⅰ）产出

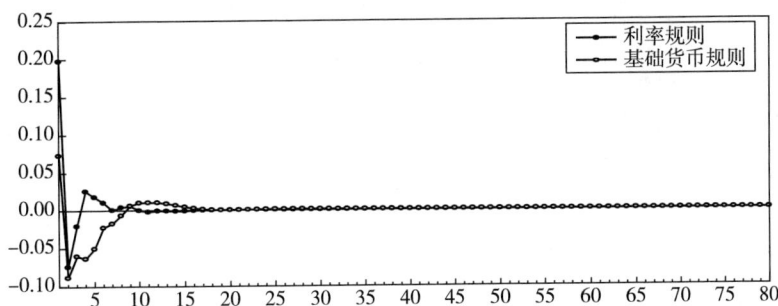

（Ⅱ）通货膨胀

图9-4　利率规则与基础货币规则调控下投资冲击的脉冲响应

　　对比图9-1（Ⅰ）与（Ⅱ）、图9-2（Ⅰ）与（Ⅱ）、图9-3（Ⅰ）与

（Ⅱ）、图9－4（Ⅰ）与（Ⅱ）发现，面对货币政策冲击和1个标准差正向非货币政策冲击，利率规则调控下产出与通货膨胀整体能在较短时期做出调整并趋于稳态水平，而基础货币规则动态响应时滞较长。因此，从保持宏观经济稳定角度出发，利率规则优于基础货币规则。

9.4.3 中央银行损失函数测度

为进一步考察利率规则与基础货币规则是否对社会福利损失函数产生显著影响，利用中央银行损失函数进行分析，其公式表达式如下所示：

$$L = E_t \sum_{i=0}^{n} \omega^i [\pi_{t+i}^2 + \sigma Y_{t+i}^2] \tag{9-40}$$

式（9－40）中：

L——社会福利损失；

ω——折现因子，$\omega \in [0,1]$；

σ——中央银行对产出的权重系数；

n——时间范围，设定 n 的最大值等于80。

令 $\omega = b = 0.985$，即中央银行和居民经济主体时间偏好相等；将 σ 划分为（0,1）、1与（1,∞）三个区间，分别选取 σ 等于数值0.5、1和2进行分析，结果如表9－4所示。

表9－4　　　　不同货币政策工具规则调控下社会福利损失对比

σ	利率规则			基础货币规则		
	0.5	1	2	0.5	1	2
技术冲击	0.008	0.015	0.023	0.014	0.029	0.063
消费冲击	0.00035	0.0009	0.0017	0.0078	0.011	0.027
投资冲击	0.0012	0.010	0.034	0.026	0.049	0.058

由表9－4可以发现，当经济系统面临非货币政策冲击时，货币当局运用利率规则进行宏观调控形成的福利损失低于基础货币规则，即中央银行要实现对宏观经济的有效调控，运用利率规则比基础货币规则更有效率，更易实现稳经济、促就业和防通胀等宏观经济目标。因此，从中央银行福利损失函数最小化角度来看，利率规则调控绩效优于基础货币规则。

9.5 本章小结

选取货币政策工具规则中的利率规则和加入外汇储备因素，包含通货膨胀缺口、产出缺口和汇率缺口的三目标基础货币规则为研究对象，引入预期、工资价格黏性、技术冲击和外生消费习惯等因素，构建了由居民、中间产品厂商、最终产品厂商、政府和中央银行五部门组成的新凯恩斯主义动态随机一般均衡（DSGE）模型，同时，结合现有研究成果与我国 1999 年第一季度至 2018 年第四季度共 80 期数据对模型参数进行校准修正，然后以脉冲响应函数为基础，分别从货币政策冲击，技术、消费与投资非货币政策冲击以及货币当局的社会福利损失函数三个方面对利率规则和基础货币规则调控绩效进行比较分析。

研究表明：面对 1 单位标准差正向货币政策冲击时，在利率规则下，产出与通货膨胀对政策冲击的动态响应程度高于基础货币规则，但响应时滞小于后者，如果宏观经济没有出现急扭转，则中央银行运用利率规则进行宏观调控比基础货币规则更有效；当分别面对 1 单位标准差技术、消费和投资冲击时，利率规则调控下产出与通货膨胀整体能在较短时期内做出调整并趋于稳态水平；通过对货币当局社会福利损失函数进行测度后发现，相对而言，利率规则进行宏观调控造成的社会福利损失低于基础货币规则，从保持宏观经济稳定运行和社会福利角度出发，利率规则的调控绩效优于基础货币规则。

10 结论与研究展望

货币政策的功能在于通过货币政策工具调控，实现中央银行特定的货币政策目标，无论该目标是物价稳定还是经济增长抑或是其他，其最终效果均与货币政策的操作方式密不可分。货币政策能否有效发挥作用也依赖于所处的环境，中国宏观经济目前正处于转型期，经济开放度也越来越高，没有现成的货币政策理论能够完全指导转型期中国货币政策操作实践，故对中国货币政策工具规则问题进行研究具有较为重要的理论与现实意义。

本书通过对国内外学术界有关货币政策工具规则的研究文献进行较为全面系统地梳理和总结，目的在于把握本论题研究的来龙去脉，为研究中国货币政策工具规则问题提供有益借鉴（第 2 章），构建了货币政策工具规则的研究框架（第 3 章），提供了货币政策工具规则优于相机抉择的理论依据（第 4、第5、第 6 章），回顾了中国人民银行正式行使中央银行职能至今的货币政策操作，发现了中国货币政策操作存在的主要问题（第 7 章），分析并探讨货币政策工具规则在中国的检验、适用性和调控绩效（第 8、第 9 章），最后对本书研究内容作出总结（第 10 章）。

10.1 主要结论

本书得出的主要结论如下：

（1）通过对国内外有关货币政策工具规则的研究文献进行归纳总结后发现，大多数研究成果对货币政策工具规则持肯定态度，认为它可以有效地改进货币政策操作绩效，减少经济波动，明显提升社会福利水平，但对于选择什么类型的货币政策工具规则，如何选择，为何选择，研究结论却众说纷纭、莫衷一是。事实上，随着中国二级银行体制的建立和经济开放程度的不断提高，国内货币政策的环境与发达市场国家之间表现出越来越多的"共性"，同时不能忽略我国宏观经济环境与发达市场国家存在的许多差异，这就决定了我国货币政策工具规则的选择、作用的方式和效果应该具有自身的特征，不能简单地全面照搬西方货币政策工具规则理论。从这点意义考虑，探寻适合中国当前和未来经济发展的货币政策工具规则，应该是值得认真研究的一个方向。

（2）构建了货币政策工具规则的研究框架，该框架是对不同货币政策操作工具与各层次政策目标之间关系进行分析的基础，它可以视为，中央银行通过设定最优工具变量达到实现其最小社会福利损失的目标。以"货币非中性"和"货币供给内外共生性"为假设前提，依据"动态不一致性"理论，借助附加预期的菲利普斯曲线，从最优均衡角度和通货膨胀偏差角度出发，分别讨论了工具规则与相机抉择型货币政策的优劣，研究发现：如果中央银行执行相机抉择型货币政策，就更可能出现短视行为，也更容易导致货币政策的时间非一致性，而如果执行货币政策工具规则，不仅可以解决通货膨胀偏差问题，将社会预期通货膨胀保持为 0，而且可以比相机抉择型货币政策减少福利损失 $(\rho\delta\theta)^2/2$，即货币政策工具规则优于相机抉择，为后续研究提供了理论依据。在此基础上，结合转型期中国面临的宏观经济背景，中央银行应该选择何种类型货币政策工具规则和评价标准已经成为亟须从理论和经验层面上澄清的重要议题。因为单一规则"以不变应万变"，当发生未预期到的严重的外部冲击时，恪守单一规则极不明智。故本书选择利率规则和基础货币规则两种货币政策工具规则类型，依据稳健性原则和中央银行损失函数最小化原则，对比分析基于宏观经济模型得到的不同货币政策工具规则均衡结果，比较社会福利差别。

（3）对 1984 年中国人民银行正式行使中央银行职能至今的货币政策操作进行系统性回顾，发现了中国货币政策操作方向一共经历了 7 次转变：①1984—1991 年紧缩性货币政策、目标是"反通货膨胀"；②1992—1997 年适度紧缩、目标是"反通货膨胀＋国际收支平衡"；③1998—2002 年宽松性货币政策、目标是"反通货紧缩＋保经济增长"；④2003—2007 年适度紧缩、目标是"稳定币值的基础上实现经济增长"；⑤2008 年 9 月至 2010 年 9 月执行适度宽松的货币政策；⑥2010 年 10 月至 2011 年 10 月执行"中性偏紧"的稳健货币政策；⑦2011 年 11 月至今执行"中性偏松"的稳健货币政策。虽然中国货币政策操作对我国保持宏观经济平稳运行发挥了重要作用，取得了较好效果，保持了流动性合理充裕，促进了实际利率基本稳定，从量价两个方面保持了货币环境的稳健和中性适度，但是也存在许多问题，具体可以归纳为以下三个主要方面：

第一，货币政策操作方向改变过于频繁，过于注重相机抉择。这种频繁改变货币政策操作方向的行为说明事前预警机制不足，缺乏前瞻性。当危机爆发时，中央银行倾向释放流动性，使用宽松的货币政策刺激经济，如果流动性过剩达到一定指标时又会造成通货膨胀问题。当危机平缓时，中央银行又要回笼社会上过剩的流动性，治理通货膨胀成为工作的重点。一旦国际外部环境发生改变，中央银行又不得不出台相关政策进行调整，且力度难以把握，货币政策本身时滞效应的存在，致使其有效性大打折扣。第二，流动性波动幅度大，对宏观经济冲击明显，尤其是对中国实现资产价格和物价稳定提出了挑战。第三，利率调控空间越来越窄，"零利率"时代渐行渐近。因为利率如果再低，很容易陷入"流动性陷阱"难以自拔，一旦降低至零利率，也就意味着利率已经失去作为货币政策操作工具的意义。

（4）选取中国1999—2018年的数据作为样本，分别对基础货币规则和利率规则在中国货币政策操作中的适用性进行了检验，并得出具体的反应系数。在对利率规则进行测算时，构建引入平滑因子的利率规则模型和引入利率平滑因子的前瞻性利率规则模型，运用普通最小二乘法和广义矩估计方法，通过实证分析后发现：银行间同业拆借利率符合利率规则的特征。当采用OLS法对引入利率平滑因子的利率规则进行测算时，利率平滑参数是0.9067，在5%的水平表现显著；短期名义利率对通货膨胀缺口的调整参数估计值为0.7756，在1%的水平高度显著；短期名义利率对汇率缺口的调整参数估计值为−1.0611，在10%的水平表现显著；短期名义利率对产出缺口的调整参数估计值为−2.3173，表现不显著，这与货币政策理论和实际操作相悖，故剔除。当采用GMM法对引入利率平滑因子的前瞻性利率规则进行测算时，利率平滑参数是0.8922，在1%的水平表现显著；短期名义利率对通货膨胀缺口、产出缺口和汇率缺口的调整参数估计值分别是1.7363、0.2734和−1.4402，均在5%以上的水平表现显著，所以，对比发现，后者可能更加适合我国货币政策操作。

在对基础货币规则进行测算时，构建包含产出缺口和通货膨胀缺口的双目标基础货币规则模型，包含产出缺口、通货膨胀缺口和汇率缺口的三目标和在此基础上加入外汇储备因素的基础货币规则模型，运用普通最小二乘法，通过实证分析后发现：在双目标基础货币规则模型中，基础货币增长率对产出缺口的反应系数为 0.0365，其经济意义与现实操作相悖，是一种不稳定的货币政策规则，且参数在 1%、5% 和 10% 的水平表现均不显著，故剔除。在加入汇率因素的基础货币规则模型中，基础货币增长率对通货膨胀缺口、产出缺口和汇率缺口的反应系数分别是 -0.6208、-0.0307 和 -0.3315，与现实经济意义相符，且均在 1% 和 5% 的水平表现显著，拟合优度也达 0.8950，该模型能够较合理地反映中国货币政策操作走向。在加入外汇储备因素的基础货币规则模型中，基础货币增长率对通货膨胀缺口、产出缺口和汇率缺口的反应系数分别是 -0.7599、-0.0735 和 -0.6928，与现实经济意义相符合；基础货币增长率对外汇储备增长率的反应系数为 0.1218，以上反应系数均在 1% 和 5% 的水平表现显著，且加入外汇储备因素的基础货币规则拟合优度为 0.9936，大于加入汇率因素的基础货币规则的 0.8950，因此其对中国货币政策操作的衡量具有较好的指示作用，可以用作衡量和评价货币政策松紧度的基准。

（5）选取引入利率平滑因子的前瞻性利率规则和加入外汇储备因素，包含通货膨胀缺口、产出缺口和汇率缺口的三目标基础货币规则为研究对象，引入预期、工资价格黏性、技术冲击和外生消费习惯等因素，构建了由居民、中间产品厂商、最终产品厂商、政府和中央银行五部门组成的新凯恩斯主义动态随机一般均衡（DSGE）模型，同时，结合现有研究成果与我国 1999 年第一季度至 2018 年第四季度共 80 期数据对模型参数进行校准修正，然后以脉冲响应函数为基础，分别从货币政策冲击，技术、消费与投资非货币政策冲击以及货币当局的社会福利损失函数三方面对利率规则和基础货币规则调控绩效进行比较分析。研究表明：面对 1 单位标准差正向货币政策冲击时，产出与通货膨胀对利率规则的动态响应程度高于基础货币规则，但响应时滞小于后者，如果宏观经济没有出现急扭转，则中央银行运用利率规则进行宏观调控比基础货币规则更有效；当分别面对 1 单位标准差技术、消费和投资冲击时，利率规则调控下产出与通货膨胀整体能在较短时期内做出调整并趋于稳态水平；通过对货币当局社会福利损失函数进行测度后发现，相对而言，利率规则进行宏观调控造成的社会福利损失低于基础货币规则，从保持宏观经济稳定运行和社会福利角度出发，利率规则的调控绩效优于基础货币规则。

10.2 主要创新点

本书可能存在的创新性工作主要表现在以下三个方面：

第一，以货币非中性和货币供给内外共生性为前提，依据动态不一致性理论，采用附加预期的菲利普斯曲线，从最优均衡角度和通货膨胀偏差角度出发，分别探讨了工具规则与相机抉择型货币政策的优劣，发现中央银行如果执行相机抉择型货币政策，更可能出现短视行为，易导致货币政策的时间非一致性，而如果执行工具规则，不仅可以有效解决通货膨胀偏差问题，而且比相机抉择型货币政策减少福利损失 $(\rho\delta\theta)^2/2$，即货币政策工具规则优于相机抉择。同时，通过对 1984 年中国人民银行正式行使中央银行职能至今的货币政策操作进行回归总结，发现了中国货币政策操作存在的三个主要问题：（1）货币政策操作方向改变频繁，过于注重相机抉择；（2）流动性波动幅度大，对宏观经济冲击明显，尤其是对中国实现资产价格和物价稳定提出了严重挑战；（3）利率调控空间越来越窄，如果再低，很容易陷入"流动性陷阱"难以自拔。

第二，为了较准确地反映出货币政策操作对中国现实经济状况的真实反应，在构建利率规则和基础货币规则函数时，分别对其进行了修正与扩展，通过选取中国 1999—2018 年的数据为样本，对反应函数中待估计参数进行处理。研究发现：引入利率平滑因子的前瞻性利率规则和加入外汇储备因素的包含产出缺口、通货膨胀缺口与汇率缺口的基础货币规则均适合我国货币政策操作。前者利率平滑参数是 0.8922，短期名义利率对通货膨胀缺口、产出缺口和汇率缺口的反应系数分别是 1.7363、0.2734 和 - 1.4402。后者基础货币增长率对外汇储备的反应系数是 0.1218，对产出缺口、通货膨胀缺口、汇率缺口的反应系数分别是 - 0.7599、- 0.0735 和 - 0.6928。

第三，为较好地研究不确定环境下不同货币政策工具规则的调控绩效，选取新凯恩斯主义动态随机一般均衡模型（DSGE 模型）。这是因为，该模型严格遵循一般均衡理论，采用动态优化方法对各经济主体在不确定环境下的行为决策进行详细描述与刻画，具备坚实的微观经济理论基础，保证了宏观经济分析与微观经济分析的一致性；且通过对各经济主体的行为决策、行为方程中所依赖的结构性参数、各经济冲击的设定和识别进行界定，使 DSGE 模型呈现出显性的结构特点，可以有效地避免 Lucas 批判等问题。同时，为展现通货膨胀惯性和产出持续性，尤其更好地解释货币政策冲击对宏观经济的影响，采用工资价格黏性替代传统价格黏性，将预期因素、技术冲击、金融加速器机制与外生消费习惯等特征引入模型，使其更贴近现实。

10.3 政策建议

（1）深化利率市场化改革

虽然利率市场化改革已于 2015 年底基本完成，但还有很多需要完善的地方，应该说利率市场化已取得了决定性进展。中国社会科学院原副院长李扬在 2016 年《金融新未来》分论坛中表示，存款利率上限放开后才发现，中国利率市场化改革并没有完成，接下来的任务似乎更加严峻，表面上看货币当局在对利率进行调控，被人误认为调控利率就是市场化了，这是完全错误的看法。就目前来看，利率市场化还存在很大的改革空间，其存在的不足之处仍在很大程度上限制了利率规则在我国的应用，要实现现行利率结构（包括中央银行利率）的缜密调整，必须从以下四个方面进行改革及完善。

第一，改善利率期限结构。首先，要对准备金制度进行改革，逐步取消法定及超额准备金的支付利息，最终恢复利率体系的零利率底线。为解决银行业改革面临的诸多困难，可先行改革超额准备金，降低或取消其利息。由于活期存款主要用于交易而非投资，而银行在办理该业务时则需支付相当的成本，所以，为了降低银行成本，减轻其压力，可遵循国际惯例，循序渐进地改革活期存款，逐步降低甚至取消其利息。其次，在进一步统一政府债券市场的同时，逐渐完善政府债券的期限结构，以提高政府债券的收益曲线，使其既能够准确反映市场经济的资金供求状况，又可正确把握经济主体的预期。目前，中央银行票据对于对冲短期外汇占款可能具有一定的增加效应，但由于其发行规模比较大，在一定程度上分割了政府债券市场。为解决债券市场存在的问题，货币当局应与财政部联合协作，尽快在建立利率期限结构方面达成共识并做出系统长远的安排，主要以发展国债市场为途径来解决问题。

第二，协同改革利率与汇率机制。首先，为发挥利率和汇率联动的积极作用，必须先行放开外币存贷款利率，以促进国际收支平衡，并抑制投机资本的进出；其次，要改革企业中长期债券，放开其发行利率限制，进一步拓展资本与直接融资市场，从而能够协调国内外的资本流动，为资本项目可兑换的实现提供条件；再次，在汇率制度改革的基础上，根据已创造的条件，放开人民币的存贷款利率，转变其定价方式，银行可根据信贷风险大小自由决定贷款利率，取消之前的下限管制方式。对于存款利率，可取消其上限限制，可根据市场化存款利率进行设置；最后，进一步健全中央银行利率调控体系，完善相关法规，推进金融创新，丰富金融产品。

（2）完善与巩固 Shibor 的基准利率

要进一步健全及完善 Shibor 货币市场，以市场机制为导向逐步夯实其基准利率地位，深化金融市场化改革，促进金融、经济的协调、持续发展。虽然我国利率市场化进程已于 2015 年底基本完成，银行间同业拆借利率（Shibor）基准利率地位凸显，但就目前情况而言，将某个单一利率作为基准利率有失偏颇，政府当局可以模仿欧元区的做法①，建立基准利率体系，并以该体系为基础，加速深化 Shibor 的基准性建设。除参考央行票据利率以外，银行间的同业拆借与债券回购市场作为利率市场化程度最高的两个市场，中央银行可以将银行间同业拆借利率及质押式债券回购利率组合在一起，由此建立一个基准利率体系，具体而言：可以在基准利率体系短端参考 Shibor 和回购利率，主要是隔夜的 Shibor 和隔夜的回购利率，而在基准利率体系的长端参考央行票据利率，尤其是 1 年期的央行票据利率。在继续深化利率市场化的背景下，借助基准利率体系完善 Shibor 建设，可以让 Shibor 加快达到基准利率的全部要求。

第一，扩大报价银行范围。截至 2017 年末，Shibor 公布的报价名单中有 17 家商业银行和 1 家政策性金融机构，但这不能代表中小型金融机构对市场的预期和对资金的需求状况，这是因为，我国银行间同业拆借市场规模较小，制约着同业拆借利率作用的发挥，Shibor 作为同业拆借利率，其基准性依赖于同业拆借市场的发展。所以，进一步扩大报价行范围，有助于提高 Shibor 利率

---

① 欧元区覆盖了众多国家，每个国家的金融市场发展水平参差不齐，很难将某个单一利率作为该地区的基准利率。欧元区的银行同业拆借利率（Euribor）、欧元区隔夜拆借平均利率指数（Eonia）和欧元回购参考利率（Eurepor）是最被认可的三个利率，众多市场参与者将这三个利率视作一个基准利率体系，从这三者的不同变动中判断相关金融市场的发展方向。鉴于欧元区的银行同业拆借利率和隔夜拆借平均利率指数的基准性和运用的广泛性，且两者与货币政策有着高度的相关性，它们已经成为金融市场中金融业务开展的基础，很多金融机构直接运用它们作为定价基准，参考这两者制定了储蓄账户利率、各种按揭贷款利率和其他贷款利率等。

的真实性，更能反映货币市场参与者对货币供求状况的预期。

第二，完善报价机制。我国 Shibor 报价计算方法仅是对各金融机构报价进行简单的算术平均，虽可剔除其中的极端报价，但各报价行仍可根据其报价及同业间拆借市场的不同规模，产生不同的交易量。Shibor 报价方法只进行简单的算术平均，无法准确把握不同规模银行的资金供求状况，可能会高估小规模银行或低估大规模银行的资金供求关系。此外，由于报价行没有承担成交量的任务，所以在报价时，为了维护自身利益，可能会对 Shibor 的报价进行操纵。为了避免该类问题，可将报价行的意愿成交量引入 Shibor 报价机制，以其为权重，并进行加权平均，最终得到 Shibor 报价，以此来完善 Shibor 的报价计算方法。

第三，中央银行选择货币政策操作工具时，应加强对价格工具的使用，尤其是与 Shibor 相挂钩的价格工具，进一步确定 Shibor 的基准地位。通过与 Shibor 挂钩的价格工具间接调控市场利率，再通过市场利率的变化影响货币市场乃至整个金融市场的变化，最终引起宏观经济的改变，完成货币政策传导。

（3）强化基础货币作为操作变量的有效性

第一，中央银行对基础货币的直接调控能力需进一步加强。1994 年之后，农业发展银行从中央银行获得的贷款、外汇占款呈不断上升趋势，而中央银行利用再贷款回收方式来对冲基础货币，刚性供给的空间越来越狭小。而在 2007 年以后，因受诸多因素的影响，如次贷危机、存款准备金制度改革等，金融机构资金充裕，有能力归还从中央银行获得的再贷款，这会在很大程度上堵塞中央银行投放基础货币的渠道，从而降低基础货币的增长率。与此同时，中央银行对那些不在其处进行再贷款的金融机构缺乏直接调控能力。究其根源是中央银行对基础货币缺乏强有力的调控工具。所以，中央银行应尽快培育有效的调控工具，并增强公开市场操作力度，只有这样，中央银行对基础货币的调控能力才会不断增强，调控手段才会更加灵活、主动，才能在更大程度上提高货币政策实施的有效性。

第二，尽量保持货币乘数的稳定性。首先，要对存款准备金制度进行深化改革，将存款准备金利率水平确定在合理范围，逐步取消准备金存款利息，以减轻商业银行的投资成本，促进其加大投资力度，从而刺激存款准备金的交易需求。此外，还要改革准备金的考核方式，可利用平均余额法对其进行考核，从而可促使商业银行加强对资金流动性方面的管理。其次，要尽可能减少或消除会对准备金造成影响的不确定因素。目前，商业银行的流动性较强，其中凭证式国债的发行、兑付则会对其产生更为显著的影响，因为资金的上划、下拨均会对存款造成影响，可能导致准备金存款出现较大幅度的波动；此外，股票的发行及其申购资金的变动同样会对准备金造成直接强烈的冲击。最后，要对非银行金融机构加强监管并形成规范化，尽量减少或消除其对基础货币、货币乘数的不稳定影响。

（4）增强中央银行决策的独立性与责任

中央银行的独立性可实现其责任最大化，并且是实行弹性通货膨胀目标制的重要前提之一，而中央银行拥有制定货币政策的独立权力是其实现独立性的关键，同时是发挥其政策调控作用的内在要求。中央银行的独立性是市场经济背景下，国家进行宏观调控的合理制度安排。中央银行在独立制定货币政策方面，因具有较大程度的技术垄断性，所以其具有较强的独立性。但在实施货币政策的过程中，尤其是在公开市场操作方面，会经常出现赤字货币化等现象，导致货币政策实际是用于服务政府决策。所以，应在法律层面赋予中央银行更多的权力自由，提高其政治地位，强化其经济及制定、实施货币政策的独立性。

一般来说，增强中央银行独立性最直接有效的途径是使其完全独立于政府，但这一改革过程并非一朝一夕就可实现的，需要从法律及规章制度等方面调整中央银行的地位。目前，我国中央银行仅是国务院的一个附属的、相对独立的部门，国务院对其所作所为负责。显而易见的是，中央银行的制度改变及相应法律规章的改变都非常困难，可行性及操作性均很低。不过我国可在中央银行的制度框架方面做一些科学合理的变革，可参考新西兰中央银行的做法，赋予中央银行独立制定、实行货币政策的权力，该做法不仅不会改变其法律地位，还可实现其货币政策执行工具的独立性，有助于有效实现其货币政策目标。一方面，强化中央银行行长负责制，同时对政策失误承担相应责任。虽然《中国人民银行法》规定其实行行长负责制，但该负责制却仅限于在其内部实行，行长在被授予货币政策的最终决策权时，必须对其任职资格、条件和解职条件等做出明确规定。另一方面，改革中央银行货币政策委员会，货币政策的决策权可交由中央银行货币政策委员会负责，同时，逐步改变其成员构成，例如，增加金融机构、企业界、人民银行各大区分行与相关领域专家学者代表等，通过投票方式进行表决，提高人民银行决策的科学性与合理性。

(5) 进一步增加货币政策操作透明度

从 2000 年起，中国人民银行就已通过多种形式，及时披露货币政策相关信息，如公布货币政策委员会会议备忘录、发布《中国货币政策执行报告》等，加强货币政策的公示、引导效应，但目前货币政策的透明度并不高，仍存在诸多问题，例如，由于货币政策委员会隶属于中国人民银行，属于议事机构，根据相关条例规定，其所提供政策议案的重要内容不允许公开发表，中国人民银行会将表决通过后形成的议案建议书上报至国务院，在每个季度初召开政策委员会例会以后，仅对外公布一份非常简短的、以原则性表述为主的会议纪要，故向社会公众传达的信息量非常有限，仅能从中了解货币政策的未来取向，无法获得具有实践意义的具体内容。此外，虽然中国人民银行在每个季度都会公开发布《中国货币政策执行报告》，且内容比较丰富，但发布渠道相对狭窄，其影响范围和公示效应相对有限。

第一，提升货币政策委员会的地位，将其由原来的议事机构直接转变为政策决策机构，并对其成员构成进行调整，比如，可适当增加一些来自产业界的委员，以使其所作决策能够更有效地指导实践。第二，关于每季度按时公布的《中国货币政策执行报告》，可对其内容、篇幅与公布渠道等多方面实施调整。

内容方面，着重介绍中央银行对既定货币政策目标的实现情况与调控效果，分析当前国内外宏观经济、金融形势，提出亟须解决的现实问题、处理方案及其理论现实依据，同时对未来货币政策的走向作出定位。篇幅方面，可以适当压缩，满足社会公众的阅读需求。公布渠道方面，可以通过中央电视台、各大网站、微信公众号推送等关注量较大的媒体披露，也可以在《人民日报》《经济日报》等发行量较大的报刊资料公布，以提高货币政策的告示效应和扩大社会影响。这样做不仅能进一步提高货币政策的透明度，而且能密切中央银行与社会公众之间的沟通，有利于公众根据中央银行披露的信息调整自己的经济行为，更好地引导公众预期，提升货币政策调控效果。

(6) 继续深化金融体制改革

健康稳定的金融系统可以使中央银行在制定和执行货币政策的过程中集中力量关注既定目标的实现，有利于增强货币政策的可信度。健康完善的金融体系可以保证金融部门对中央银行的货币政策操作作出理性反应，最终有利于货币政策的顺利传导。由于我国利率长期处于管制状态，商业银行的经营主要依赖于存贷利差，市场竞争强度相对较小，基本没有发生银行破产的现象。但是，在实现利率市场化改革之后，存款利率将发生大幅度提升，导致存贷差严重缩小，银行之间将发生激烈竞争，那些竞争力相对弱的中小型银行可能会被挤出市场，所以必须及时完善市场退出机制。通过进一步完善存款保险制度，降低金融机构破产风险。当金融机构发生危机时，存款保险制度可提高社会公众的信任度，降低恐慌情绪，减少银行体系的挤兑风险，缓解危机进一步恶化。商业银行倒闭引起的金融恐慌可能会影响金融稳定，但并不意味着在任何条件下都不允许商业银行破产。中央银行救助商业银行或其他金融机构的前提条件是，这些机构仍具有较为良好的现状或发展前景。例如，美联储并未对雷曼兄弟进行救助，虽然引发了金融市场的恐慌情绪，但却让市场清楚了政府对金融机构救助的底线。完善的商业银行法规能加强金融机构相关利益者对企业的监控，做好有效的风险防范控制，不但有利于金融系统的稳定，而且能够减少政府因救助导致的社会成本。同时，还要加大民营银行的发展力度，适度降低外资银行的准入标准，逐渐改变国有银行垄断的局面，增加银行业的公平竞争机会，使金融体系结构更加优化、完善，并能够及时、敏感地把握货币政策的发展动态。

金融市场的深化发展不但有利于货币政策的操作、传导并提高其有效性，还可借助于资产价格为中央银行提供社会公众对经济市场的预期信息；此外，更为重要的是，金融市场能够对冲一些短期、意外的冲击，可在一定程度上减轻中央银行的压力，使其能够集中力量实现既定目标。因此，我国应大力发展金融市场，不断扩大市场的广度和深度，提高市场流动性，并努力避免金融市场的剧烈波动，维持金融市场的稳定。

（7）提升中央银行信息化水平

中央银行要制定出科学合理并能够有效实施的货币政策，必须首先把握整体的宏观经济运行状况，掌握相关的信息资料及经济数据，并对其进行详细全面的分析，进而能够判断出当前的经济发展形势，并据此预测货币供求之间的发展趋势。而分析的精确性则取决于所获信息是否准确、全面、及时，因而高效的信息支持系统是货币政策体系不可或缺的组成部分，其能够促进货币政策目标的顺利实现，进而达到宏观经济的总体调控目标。完善中央银行的信息支持系统，提升其信息化水平，对于货币政策的有效实施至关重要，主要从以下两个方面进行改进：

第一，改进经济金融统计监测体系。目前，主要利用统计方法对经济金融信息及数据进行收集、整理，因而统计方法的准确性、统计指标的完善性等因素均会直接影响中央银行对经济、金融发展动态及其规律的把握及判断。由此可见，经济金融统计监测系统是中央银行重要的信息支持系统，对货币政策的有效实施及宏观调控至关重要。当前，由于各金融机构和中央银行的出发点与目标存在差异，其根据自身需要设计的统计指标必然有不尽相同之处，导致统计指标体系尚未完全统一，从而影响其精准性。为了提升经济金融统计检测体系的全面性、科学性及准确性，各金融机构与中央银行必须协同合作，中央银行进行整体部署及规划，并督促各类金融机构配合其科学合理地设置本系统的统计指标体系及其制度，同时还要加强对相关理论的研究。

第二，建立金融信息共享系统。虽然各金融机构内部全国范围内的分支机构均已实现联网，在本系统内可以实现信息共享，但是中国人民银行、政策性银行、国有商业银行、股份制商业银行、城市商业银行和农村信用合作社之间没有实现横向的互联互通，这造成了资源的浪费和闲置，也影响了平时工作效率的提高。为适应经济金融发展需要，可以考虑在以上各机构间建立一个标准统计、检索方便、资源共享的金融信息系统，以满足中央银行执行货币政策和加强风险防范的需要。

10.4　不足之处与研究展望

关于货币政策工具规则实证分析中数据的处理。本书采用 $H-P$ 滤波方法估计潜在产出与产出缺口，产生的趋势值比较接近真实的 GDP 历史趋势，得出的产出缺口值却往往低估了经济意义上的缺口值。目前，国内外学术界关于哪一种是估计产出缺口值的最恰当方法还没有达成统一意见：线性趋势估计对拟合时期的选择很敏感，二次趋势估计也存在同样问题；生产函数法虽然有经济理论为基础，但是充分就业下的资本和劳动力难以直接观测和统计，如何测算是一个不容忽视的问题。同时，采用 CPI 指数的 $H-P$ 滤波值作为通货膨胀的均衡值或者目标值也不尽合理，进一步的研究中或许可以尝试一些新的更好地估计产出缺口、通货膨胀缺口和汇率缺口的方法，并比较各种不同方法得到的变量均衡值是否会对最终的估计结果产生显著性影响。

关于货币政策工具规则的分析本书考虑的是线性规则情形。然而，考虑到价格黏性及工资的刚性调整，导致宏观经济变量间的关系呈现非线性特征，如反映价格与产出关系的菲利普斯曲线呈现凸性特征。中央银行损失函数可能存在非对称性，此时中央银行为最小化福利损失而执行的货币政策规则也将呈现非线性和非对称性特征，这有待于今后进一步的研究。

参考文献

［1］［英］阿瑟·塞西尔·庇古. 福利经济学［M］. 北京：商务印书馆，2006.

［2］［美］保罗·萨缪尔森. 经济学（上册）［M］. 北京：商务印书馆，1979.

［3］［英］大卫·休谟. 休谟经济论文选［M］. 北京：商务印书馆，1984.

［4］［德］卡尔·马克思. 资本论［M］. 北京：商务印书馆，1975.

［5］［瑞典］克努特·魏克塞尔. 国民经济学讲义［M］. 上海：译文出版社，1983.

［6］［英］劳伦斯·哈里斯. 货币理论［M］. 北京：中国金融出版社，1989.

［7］［美］罗比特·卢卡斯. 经济周期模型［M］. 北京：中国人民大学出版社，2003.

［8］［美］米尔顿·弗里德曼，安娜·雅各布森·施瓦茨. 美国货币史［M］. 北京：北京大学出版社，2009.

［9］［美］米尔顿·弗里德曼. 弗里德曼文萃［M］. 北京：北京经济学院出版社，1991.

［10］［法］让·巴蒂斯特·萨伊. 政治经济学概论［M］. 北京：商务印书馆，1963.

［11］［英］托马斯·图克. 通货原理研究［M］. 北京：商务印书馆，1993.

［12］［美］约翰·肯尼思·加尔布雷斯. 不确定的年代［M］. 南京：江苏人民出版社，2009.

［13］［英］约翰·洛克. 论降低利息和提高货币价值的后果［M］. 北京：商务印书馆，1962.

［14］［英］约翰·罗. 论货币和贸易［M］. 北京：商务印书馆，1986.

［15］［英］约翰·罗. 关于货币的考察［M］. 转引自约翰·罗著，朱泱

译．论货币和贸易．北京：商务印书馆，1986.

［16］［英］约翰·梅纳德·凯恩斯．就业、利息和货币通论［M］．北京：商务印书馆，1983.

［17］［英］约翰·梅纳德·凯恩斯．货币论［M］．北京：商务印书馆，1986.

［18］［英］约翰·斯图亚特·穆勒．政治经济学原理及其在社会哲学上的若干应用［M］．北京：商务印书馆，1991.

［19］［英］威廉·配第．献给英明人士［M］．北京：商务印书馆，1984.

［20］［英］威廉·配第．政治算术［M］．北京：商务印书馆，1987.

［21］［英］亚当·斯密．国民财富的性质和原因的研究［M］．北京：商务印书馆，1972.

［22］［英］詹姆斯·斯图亚特·穆勒．政治经济学原理的研究［M］．转引自《马克思恩格斯全集》（中文版第13卷），北京：人民出版社，1962.

［23］［美］詹姆士·托宾．十年来的新经济学［M］．北京：商务印书馆，1980.

［24］崔建军．中国货币政策有效性问题研究［M］．北京：中国金融出版社，2006.

［25］黄达．宏观调控与货币供给［M］．北京：中国人民大学出版社，1997.

［26］黄达．货币银行学［M］．北京：中国人民大学出版社，2000.

［27］钱小安．货币政策规则［M］．北京：商务印书馆，2002.

［28］卞志村．泰勒规则的实证问题及在中国的检验［J］．金融研究，2006（8）：56－69.

［29］卞志村，孙慧智，曹媛媛．金融形势指数与货币政策反应函数在中国的实证检验［J］．金融研究，2012（8）：44－55.

［30］陈昆亭，龚六堂．中国经济增长的周期与波动的研究——引入人力资本后的RBC模型［J］．经济学（季刊），2004（3）：803－818.

［31］陈师，郑欢，郭丽丽．中国货币政策规则、最优单一规则与宏观效应［J］．统计研究，2015（1）：41－51.

［32］陈雨露，边卫红．货币政策规则的理论依据及其原创性论述［J］．国际金融研究，2004（6）：4－13.

［33］崔光灿．资产价格、金融加速器与经济稳定［J］．世界经济，2006（11）：59－69．

［34］杜清源，龚六堂．带"金融加速器"的RBC模型［J］．金融研究，2005（4）：16－30．

［35］方成，丁剑平．中国近二十年货币政策的轨迹：价格规则还是数量规则［J］．财经研究，2012（10）：4－14．

［36］葛结根，向祥华．麦卡勒姆规则在中国货币政策中的实证检验［J］．统计研究，2008（11）：24－29．

［37］龚六堂，谢丹阳．我国省份之间的要素流动和边际生产率的差异分析［J］．经济研究，2004（1）：45－53．

［38］顾六宝，肖红叶．中国消费跨期替代弹性的两种统计估算方法［J］．统计研究，2004（9）：8－11．

［39］何国华，吴金鑫．金融市场开放下中国最优货币政策规则选择［J］．国际金融研究，2016（8）：13－23．

［40］黄赜琳．中国经济周期特征与财政政策效应——一个基于三部门的RBC模型的实证分析［J］．经济研究，2005（6）：27－39．

［41］黄炎龙，陈伟忠，龚六堂．汇率的稳定性与最优货币政策［J］．金融研究，2011（11）：1－17．

［42］贾俊雪，郭庆旺．市场权利、财政支出结构与最优财政货币政策［J］．经济研究，2010（4）：67－80．

［43］江曙霞，江日初，吉鹏．麦卡勒姆规则及其中国货币政策检验［J］．金融研究，2008（5）：35－47．

［44］简志宏，李霜，鲁娟．货币供应机制与财政支出的乘数效应——基于DSGE的分析［J］．中国管理科学，2011（2）：30－39．

［45］刘斌．最优货币政策规则的选择及在我国的应用［J］．经济研究，2003（9）：3－13．

［46］刘斌．我国DSGE模型的开发及在货币政策分析中的应用［J］．金融研究，2008（10）：1－21．

［47］刘喜和，李良健，高明宽．不确定条件下我国货币政策工具规则稳健性比较研究［J］．国际金融研究，2014（7）：7－17．

［48］刘明志. 货币供应量和利率作为货币政策中介目标的适用性［J］. 金融研究, 2006（1）: 51 – 63.

［49］刘瑞明, 石磊. 上游垄断、非对称竞争与社会福利——兼论大中型国有企业利润的性质［J］. 经济研究, 2011（12）: 86 – 96.

［50］梁璐璐, 赵胜民, 田昕明, 罗金峰. 宏观审慎政策及货币政策效果探讨: 基于 DSGE 框架的分析［J］. 财经研究, 2014（3）: 94 – 103.

［51］陆军, 钟丹. 泰勒规则在中国的协整检验［J］. 经济研究, 2003（8）: 76 – 85.

［52］李春吉, 孟晓宏. 中国经济波动——基于新凯恩斯主义垄断竞争模型的分析［J］. 经济研究, 2006（10）: 72 – 82.

［53］李扬. 中国金融改革开放 30 年: 历程、成就和进一步发展［J］. 财贸经济, 2008（11）: 38 – 52.

［54］李浩, 钟昌标. 贸易顺差与中国的实际经济周期分析: 基于开放的 RBC 模型的研究［J］. 世界经济, 2008（9）: 60 – 65.

［55］李琼, 王志伟. 利率规则理论研究新进展［J］. 经济学动态, 2008（1）: 83 – 88.

［56］李沂. 我国双目标基础货币规则的设定［J］. 财经科学, 2010（9）: 1 – 9.

［57］马亚明, 刘翠. 房地产价格波动与我国货币政策工具规则的选择［J］. 国际金融研究, 2014（8）: 24 – 34.

［58］伍戈, 连飞. 中国货币政策转型研究: 基于数量与价格混合规则的探索［J］. 世界经济, 2016（3）: 3 – 25.

［59］王彬. 财政政策、货币政策调控与宏观经济稳定——基于新凯恩斯主义垄断竞争模型的分析［J］. 数量经济技术经济研究, 2010（11）: 3 – 18.

［60］王君斌, 郭新强, 王宇. 中国货币政策的工具选取、宏观效应与规则设计［J］. 金融研究, 2013（8）: 1 – 15.

［61］王君斌, 郭新强, 蔡建波. 扩张性货币政策下的产出超调、消费抑制和通货膨胀惯性［J］. 管理世界, 2011（3）: 7 – 21.

［62］王君斌. 通货膨胀惯性、产出波动与货币政策冲击: 基于刚性价格模型的通货膨胀和产出的动态分析［J］. 世界经济, 2010（3）: 71 – 94.

[63] 王胜，邹恒甫．开放经济中的泰勒规则——对中国货币政策的检验 [J]．统计研究，2006（3）：42-46.

[64] 王志强，贺畅达．时变货币政策规则对利率期限结构的动态影响分析 [J]．宏观经济研究，2012（10）：21-29.

[65] 王建国．泰勒规则与我国货币政策反应函数的实证研究 [J]．数量经济技术经济研究，2006（1）：43-49.

[66] 王文甫．价格黏性、流动性约束与中国财政政策的宏观效应——动态新凯恩斯主义视角 [J]．管理世界，2010（9）：11-25.

[67] 吴化斌，许志伟，胡永刚，鄢萍．消息冲击下的财政政策及其宏观影响 [J]．管理世界，2011（9）：26-39.

[68] 吴吉林，张二华．我国货币政策操作中的数量规则无效吗 [J]．经济学（季刊），2015（3）：827-852.

[69] 谢平，袁沁敔．我国近年利率政策的效果分析 [J]．金融研究，2003（5）：1-13.

[70] 谢平，刘斌．货币政策规则研究的新进展 [J]．金融研究，2004（2）：9-20.

[71] 谢平，罗雄．泰勒规则及其在中国货币政策中的检验 [J]．经济研究，2002（3）：3-12.

[72] 许伟，陈斌开．银行信贷与中国经济波动：1993—2005 [J]．经济学（季刊），2009（3）：969-994.

[73] 许文彬，厉增业．中国货币政策转换中麦卡勒姆规则的实证检验 [J]．经济管理，2012（1）：12-20.

[74] 肖奎喜，徐世长．广义泰勒规则与中央银行货币政策反应函数估计 [J]．数量经济技术经济研究，2011（5）：125-138.

[75] 杨光，李力，郝大鹏．零利率下限、货币政策与金融稳定 [J]．财经研究，2017（1）：41-50.

[76] 杨英杰．泰勒规则与麦卡勒姆规则在中国货币政策中的检验 [J]．数量经济技术经济研究，2002（12）：97-100.

[77] 杨绍基．我国银行间债券回购利率影响因素的实证研究 [J]．南方金融，2005（8）：30-33.

[78] 殷醒民. 中美"宽松"货币政策、通胀预期与货币规则的探讨 [J]. 世界经济研究,2010 (2):21 – 36.

[79] 袁野. 时变参数的货币政策规则及其对利率期限结构的动态影响 [J]. 中央财经大学学报,2014 (5):40 – 46.

[80] 袁鹰. 开放经济条件下我国货币政策规则的选择与运用 [J]. 金融研究,2006 (11):90 – 102.

[81] 岳超云,牛霖琳. 中国货币政策规则的估计与比较 [J]. 数量经济技术经济研究,2014 (3):119 – 133.

[82] 张达平,赵振全. 新常态下货币政策规则适用性研究 [J]. 经济学家,2016 (8):72 – 80.

[83] 张杰平. DSGE 模型框架下我国货币政策规则的比较分析 [J]. 上海经济研究,2012 (3):93 – 102.

[84] 张屹山,张代强. 包含货币因素的利率规则及其在我国的实证检验 [J]. 经济研究,2008 (12):65 – 74.

[85] 赵进文,闵婕. 央行货币政策操作效果非对称性实证研究 [J]. 经济研究,2005 (2):26 – 34.

[86] 赵进文,黄彦. 中国货币政策与通货膨胀关系的模型实证研究 [J]. 中国社会科学,2006 (2):45 – 54.

[87] 中国人民银行营业管理部课题组:杨国中,姜再勇,刘宁. 非线性泰勒规则在我国货币政策操作中的实证研究 [J]. 金融研究,2009 (12):30 – 44.

[88] 郑挺国,王霞. 泰勒规则的实时分析及其在我国货币政策中的适用性 [J]. 金融研究,2011 (8):31 – 46.

[89] 郑挺国,刘金全. 区制转移形式的"泰勒规则"及其在中国货币政策中的应用 [J]. 经济研究,2010 (3):40 – 52.

[90] 张小宇,刘金全. 规则型货币政策与经济周期的非线性关联机制研究 [J]. 世界经济,2013 (11):3 – 26.

[91] 庄子罐,崔小勇,赵晓军. 不确定性、宏观经济波动与中国货币政策规则选择 [J]. 管理世界,2016 (11):20 – 31.

[92] 赵振全,于震,刘淼. 金融加速器效应在中国存在吗 [J]. 经济研究,2007 (6):27 – 38.

［93］Almudi, I. , Fatas – Villafranca F. , Jarne G. , and Sanchez – Choliz J. Rethinking Macroeconomic Policy within a Simple Dynamic Model ［J］. Metroeconomica, 2017 , 68（3）: 425 – 464.

［94］Altavilla Carlo, and Landolfo Luigi. , Do Central Banks Act Asymmetrically? Empirical Evidence from the ECB and the Bank of England ［J］, Applied Economics, 2005 , 37（5）: 507 – 519.

［95］Ascari, G. , and Ropele, T. , Disinflation in a DSGE Perspective: Sacrifice Ratio or Welfare Gain Ratio? ［J］, Journal of Economic Dynamics & Control, 2012 , 36（2）: 169 – 182.

［96］Assenmacher Wesche, K. , Estimating Central Banks' Preferences from a Time – Varying Empirical Reaction Function ［J］, European Economic Review, 2006 , 50（8）: 1951 – 1974.

［97］Ball, L. M. , Efficient Rules for Monetary Policy ［R］, NBER Working Paper, 1997, No. 5953.

［98］Ball, L. M. , Policy Rules for Open Economies ［M］, In Taylor, J. B. （Ed. ）, Monetary Policy Rules, Chicago: University of Chicago Press, 1999: 127 – 156.

［99］Barro, R. J. , and Gordon D. B. , Rules, A Positive Theory of Monetary Policy in a Natural Rate Model ［J］, Journal of Political Economy, 1983, 91（4）: 589 – 610.

［100］Barro, R. J. , Long – term Contracting, Sticky Prices, and Monetary Policy ［J］, Journal of Monetary Economics, 1977, 3（3）: 305 – 316.

［101］Barro, R. J, and Gordon D. B. , Rules, Discretion and Reputation in a Model of Monetary Policy ［J］, Journal of Monetary Economics, 1983, 12（1）: 101 – 121.

［102］Batini, N. , Gabriel, V. , Levine, P. , and Pearlman, J. A. , Floating versus Managed Exchange Rate Regime in a DSGE Model of India ［C］, Nipe Working Papers , 2017, 17（2）: 247 – 270.

［103］Batini, N. , and Haldane A. , Forward – Looking Rules for Monetary Policy ［R］, NBER Working Paper No. w6543, 2000, 8: 157 – 202.

[104] Blanchard, O. J. , and Kiyotaki, N. , Monopolistic Competition and the Effects of Aggregate Demand [J], American Economic Review, 1987, 77 (4): 647 - 666.

[105] Bean, C. R. , Targeting Nominal Income: An Appraisal [J], The Economic Journal, 1983, 93 (372): 806 - 819.

[106] Becchetti, L. , and Castelli A. , Hasan I. Investment - Cash Flow Sensitivities, Credit Rationing and Financing Constraints [J], Ssrn Electronic Journal, 2008 , 35 (4) : 467 - 497.

[107] Canzoneri, M. B. , Monetary Policy Games and the Role of Private Information [J], American Economic Review, 1983, 75 (75): 1056 - 1070.

[108] Carlstrom, C. T. , Fuerst TS. Forward - Looking versus Backward - Looking Taylor Rule [R], Federal Reserve Bank of Cleveland Working Paper, 2000, 8: 1 - 35.

[109] Castelnuovo, E. , Monetary Policy Switch, the Taylor Curve, and the Great Moderation [R], SSRN Working Paper Series, 2006, 7: 1 - 29.

[110] Carlstrom, C. T. , and Fuerst T. S. , The Taylor Rule: A Guidepost for Monetary Policy? [J], Economic Commentary, 2003, 7: 1 - 4.

[111] Carlstrom, C. T. , and Fuerst TS. The Benefits of Interest Rate Targeting: A Partial and a General Equilibrium Analysis [J], Economic Review, 1996, 32 (2): 2 - 14.

[112] Christiano, L. , Eichenbaum, L. , and Evans, C. , Nominal Rigidities and the Dynamic Effects of a Shock to Monetary Policy [J], Journal of Political Economy, 2005, 113: 1 - 45.

[113] Croushore, D. , and Stark, T. , Evaluating McCallum's Rule for Monetary Policy [J], Business Review, 1995, 1: 3 - 14.

[114] Dennis, R. , Pre - commitment, the Timeless Perspective, and Policymaking from Behind a Veil of Uncertainty [C], Social Science Electronic Publishing, FRB of San Francisco Working Paper, 2001: 2001 - 2019.

[115] Dixit, A. K. , and Stiglitz, J. E. , Monopolistic Competition and Optimum Product Diversity [J], American Economic Review, 1977, 67 (3):

297 – 308.

[116] Dueker, M. , and Fischer A. M. Inflation Targeting in a Small Open Economy: Empirical Results for Switzerland [J], Journal of Monetary Economics, 2004, 37 (1) : 89 – 103.

[117] Dueker, M. , Measuring Monetary Policy Inertia in Target Fed Funds Rate Changes [J], General Information, 1993, 81 (5): 3 – 10.

[118] Estrella Arturo, and Fuhrer, J. C. , Dynamic Inconsistencies: Counterfactual Implications of a Class of Rational – Expectations Models [J], American Economic Review, 2002, 92 (4): 1013 – 1028.

[119] Friedman, M. , and Sehwartz, A. , Money and Business Cycles [J], Review of Economies and Statistics, 1963b, 45 (1): 32 – 64.

[120] Friedman, M. , A Monetary and Fiscal Framework for Economic Stability [J], American Economic Review, 1948, 38 (3): 245 – 264.

[121] Friedman, M. , The Role of Monetary Policy [J], American Economic Review, 1968, 58 (1): 1 – 17.

[122] Fuhrer, J. , Habit Formation in Consumption and Its Implications for Monetary Policy Models [J], American Economic Review, 2000, 90: 367 – 390.

[123] Gilchrist, S. , and Saito, M. , Expectations, Asset Prices, and Monetary Policy: The Role of Learning [R], NBER Working Paper, 2006, 8, No. 12442.

[124] Goodhart, C. A. E. , What Should Central Bank Do? What Should be Their Macroeconomic Objectives and Operations? [J], Economic Journal, 1994, 104 (427): 1424 – 1436.

[125] Hansen, A. H. , Fiscal Policy and Business Cycles [M], New York, W. W. Norton Company, 1941.

[126] Ireland, P. N. , Money's Role in the Monetary Business Cycle [J], Journal of Money, Credit, and Banking, 2004, 36 (6): 969 – 983.

[127] Judd, J. P. , and Motley, B. , Controlling Inflation with an Interest Rate Instrument [J], Federal Reserve Bank of San Francisco Economic Review, 1992, 3: 3 – 22.

[128] King, R. G. , The New IS – LM Model: Language, Logic and Limits [J], Federal Reserve Bank of Richmond Economic Quarterly, 2000, 6 (3): 45 – 103.

[129] Kwapil, C. , and Scharler, J. , Interest Rate Pass – Through, Monetary Policy Rules and Macroeconomic Stability [J], Journal of International Money & Finance, 2010, 29 (2) : 236 – 251.

[130] Lothian, J. R. , Comment on Rudebusch and Williams. , A Wedge in the Dual Mandate: Monetary Policy and Long – Term Unemployment [J], Journal of Macroeconomics, 2016 , 47 : 5 – 18.

[131] Lohmann, S. , Optimal Commitment in Monetary Policy: Credibility vs Flexibility [J], 1992, 82 (1): 273 – 286.

[132] Lucas, R. , Expectations and the Neutrality of Money [J], Journal of Economic Theory, 1972, 4 (2): 103 – 124.

[133] Lucas, R. , An Equilibrium Model of the Business cycle [J], The Journal of Political Economy, 1975, 83 (6): 1113 – 1144.

[134] Martin, C. , and Milas C. Modelling Monetary Policy: Inflation Targeting in Practice [J], Economica, 2004 , 71 (282) : 209 – 221.

[135] McCallum, B. T. , Monetarist Rules in the Light of Recent Experience [J], American Economic Review, 1984, 74 (2): 388 – 391.

[136] McCallum, B, T. , Edward Nelson. , Nominal Income Targeting in an Open – Economy Optimizing Model [J], Journal of Monetary economics, 1999, 43 (3): 553 – 578.

[137] Mccallum, B. T. , and Nelson, E. , Timeless Perspectives vs Discretionary Monetary Policy in Forward – Looking Models [J], Social Science Electronic Publishing, 2002 , 86 (2) : 43 – 56.

[138] McCallum, B. T. , The Case for Rules in the Conduct or Monetary Policy: A Concrete Example [J], Economic Review, 1987, 123 (3): 415 – 429.

[139] McCallum, B. T. , and Nelson E. An Optimizing IS – LM Specification for Monetary Policy and Business Cycle Analysis [J], Journal of Money Credit & Banking, 1997, 31 (3): 296 – 316.

[140] Mishkin, F. S. , and Posen, A. S. Inflation Targeting: Lessons from Four Countries [R], NBER Working Paper, 1998, No. 6126.

[141] Mishkin, F. S. , Monetary Policy and Short – term Interest Rates: An Efficient Markets – Rational Expectations Approach [J], Journal of Finance, 1982, 37 (1): 63 –72.

[142] Nicholas Kaldor. , Monetarism and UKMonetary Policy [J], Cambridge Journal of Economics, 1980, 4 (4): 293 –318.

[143] Orhanides, A. , Monetary Policy Rules Based on Real Time Data [J], American Economic Review, 2001, 91 (4): 964 –985.

[144] Orphanides, A. , Discussion of "Is Optimal Monetary Policy Always Optimal?" [J], International Journal of Central Banking, 2015 , 11 (4) : 385 –393.

[145] Persson, M. , Persson, T. , and Svensson L. E. O. Time Consistency of Fiscal and Monetary Policy: A Solution [J], Econometrica, 2010 , 74 (1) : 193 –212.

[146] Pfajfar, D. , and Zakelj, B. , Inflation Expectations and Monetary Policy Design: Evidence from the Laboratory [J], Social Science Electronic Publishing, 2011, 7 (17): 1 –63.

[147] Primiceri, G. E. , Time Varying Structural Vector Autoregressions and Monetary Policy [J], The Review of Economic Studies, 2005, 72 (3): 821 –852.

[148] Rabanal, P. , Does Inflation Increase After a Monetary Policy Tightening? Answers Based on an Estimated DSGE Model [J], Journal of Economic Dynamics and Control, 2007, 31 (3): 906 –937.

[149] Rabanal, P. , Rubio – Ramírez J. F. , Comparing New Keynesian Models of the Business Cycle: A Bayesian Approach [J], Journal of Monetary Economics, 2005, 52 (6): 1151 –1166.

[150] Rogoff, K. , The Optimal Degree of Commitment to an Intermediate Monetary Target [J], Quarterly Journal of Economics, 1985, 100 (4): 1169 –1189.

[151] Rudebusch, G. , Term Structure Evidence on Interest Rate Smoothing

and Monetary Policy Inertia [J], Journal of Monetary Economics, 2002, 49 (6): 1161 – 1187.

[152] Sack, B., and Wieland, V., Interest – Rate Smoothing and Optimal Monetary Policy: A Review of Recent Empirical Evidence [J], Journal of Economics and Business, 1999, 52 (1 – 2): 205 – 228.

[153] Sack, B., Does the Fed Act Gradually? A VAR Analysis [J], Journal of Monetary Economics, 1998, 46 (1): 229 – 256.

[154] Sack, B. and Wieland, V., Interest – Rate Smoothing and Optimal Monetary Policy: A Review of Recent Empirical Evidence [J], Journal of Economics and Business, 1999, 52 (1 – 2): 205 – 228.

[155] Sargent, T. J., and Wallace N., The Stability of Models of Money and Growth with Perfect Foresight [J], Econometrica, 1973, 41 (6): 1043 – 1048.

[156] Sauer, S., and Sturm, G. E., Using Taylor Rules to Understand European Central Bank Monetary Policy [J], German Economic Review, 2007, 8 (3): 375 – 398.

[157] Seyfried, W. L., Using a Dynamic Taylor – Type Rule To Examine the Behavior of Bond Yields: Some International Evidence [J], International Business & Economics Research Journal, 2009, 3 (3): 25 – 32.

[158] Shen, C. H., and Hakes D. R., Monetary Policy as a Decision – Making Hierarchy: The Case of Taiwan [J], Journal of Macroeconomics, 2004, 17 (2): 357 – 368.

[159] Sirimaneetham, V., and Temple, J. R. W., Macroeconomic Stability and the Distribution of Growth Rates [J], World Bank Economic Review, 2009, 23 (3): 443 – 479.

[160] Smets, F., and Wouters, R., Shocks and Frictions in US Business Cycles: A Bayesian DSGE Approach [J], American Economic Review, 2007, 97: 586 – 606.

[161] Surico, P., The Fed's Monetary Policy Rule and U. S. Inflation: The Case of Asymmetric Preferences [J], Journal of Economic Dynamics & Control, 2007, 31 (1): 305 – 324.

参考文献

[162] Svensson, L. E. O. , Open – Eeonomy Inflation Targeting [J], Journal of International Economics, 2000, 50 (1): 155 –183.

[163] Svensson, L. E. O. , and Woodford MW. Indicator Variables for Optimal Policy [J], Journal of Monetary Eeonomies, 2003, 50 (3): 691 –720.

[164] Taylor, J. B. , and Wieland V. Finding the Equilibrium Real Interest Rate in a Fog of Policy Deviations [J], Business Economics, 2016, 51 (3): 147 –154.

[165] Taylor, J. B. , Discretion versus Policy Rules in Practice [C], Carnegie – Rochester Conference Series on Public Policy, 1993 (39): 195 –214.

[166] Taylor, J. B. , An Historical Analysis of Monetary Poliey Rules [C], NBER Working Paper. 1999, 30 (3): 1375 –1386.

[167] Taylor, J. B. , The Robustness and Efficiency of Monetary Policy Rules As Guidelines for Interest Rate Setting by the European Central Bank [J], Journal of Monetary Economics, 1999, 43 (3) : 655 –679.

[168] Taylor, M. P. , Peel D. A. , and Sarno L. , Non – linear Mean – Reversion in Real Exchange Rates: Toward a Solution to the Purchasing Power Parity Puzzles [J], International Economic Review, 2001, 42 (4): 1015 –1042.

[169] Taylor, M. P. , and Davradakis E. , Interest Rate Setting and Inflation Targeting: Evidence of a Nonlinear Taylor Rule for the United Kingdom [J], Studies in Nonlinear Dynamics and Econometrics, 2006, 10 (4): 1 –18.

[170] Taylor, M. P. , Estimating Structural Macroeconomic Shocks through Long – run Recursive Restrictions on Vector Autoregressive Models: The Problem of Identification [J], International Journal of Finance & Economics, 2004, 9 (3): 229 –244.

[171] Tobin, J. , Monetary Policy Rules, Targets and Shocks [J], Journal of Money, Credit and Banking, 1983, 15 (4): 506 –518.

[172] Vetlov Igor, Ricardo Mourinho Félix, Laure Frey, Tibor Hlédik, Zoltán Jakab, Niki Papadopoulou, Lukas Reiss and Martin Schneider. The Implementation of Scenarios Using DSGE Models [R], Central Bank of Cyprus Working Papers, 2010, 1 (8): 1 –51.

［173］ Woodford, M. , Optimal Monetary Policy Inertia ［R］, NBER Working Paper, 1999, No. 7261.

［174］ Woodford, M. , Inflation Stabilization and Welfare ［R］, NBER Working Paper, 2001, No. 8071.

［175］ Woodford, M. , Robustly Optimal Monetary Policy with Near – Rational Expectations ［J］, American Economic Review, 2010, 100 (1): 274 – 303.

后　记

寒暑易节，岁月流逝。当本书完成临近尾声时，回首近年艰辛而又令人难忘的求学生涯，心中感慨万千。青春校园，多么美好的地方！这里记录着我的收获和成长，有迷茫也有顿悟，有痛苦也有欢乐，承受过焦灼也经历了平淡，是我倾注汗水和泪水的地方，一时难以抑制思绪的翻腾，内心深处的感恩之情油然而生。在此，以寥寥数字，谨向所有曾经帮助和支持过我的老师、同学、朋友和家人表示最诚挚的谢意和最衷心的祝福。

首先把最诚挚的谢意献给我的恩师崔建军教授。第一次见恩师，心里忐忑不安，早就听说恩师才华横溢，出口成章，下笔成文，在货币政策领域颇有建树，我能通过检阅吗？怀着这种复杂的心情，我敲开了恩师的办公室。当时恩师正在翻阅书籍，见到我的到来，先和蔼地询问我几个问题，谈及学术时，崔老师好像换了个人似的，双目如炬、说话铿锵有力、底气十足，痛陈着他对做学问、做人和当前中国宏观经济的见解，老师明确地告诉我"做事先做人"。此后，从成为崔老师的学生一路走来至今日，崔老师于我，是严师，更是恩师。

"高山仰止，景行行止；虽不能至，心向往之。"课堂上，崔老师言传身教，风趣幽默，崇尚真理，知识面之广令人折服。当谈及亚当·斯密、约翰·斯图亚特·穆勒、凯恩斯、熊彼特等这些划时代的经济学大家时，丝毫不掩饰自己的敬仰之情；凯恩斯的《就业、利息和货币通论》、熊彼特的《经济分析史》成段背诵，卡尔·冯·克劳塞维茨的《战争论》、康德的《纯粹理性批判》、黑格尔的《逻辑学》、托尔斯泰的《战争与和平》、柳青的《创业史》等名家名著也是信手拈来，每次聆听恩师的教诲，如沐春风，如饮甘醇。

"尽将热血付论文。"科学研究方面，恩师教导我们说："对待学术研究要投入宗教般的热情"，"若没有本专业领域深厚理论基础和自己独特的有价值的研究成果作为教学的基础，就必然难逃照本宣科和流于浅薄的命运"，他以身作则，没有周末、没有假期，不断地在自己热爱的学术道路中上下求索。在校学习期间，拜读了恩师的《中国货币政策有效性问题研究》《金融调控论》《金融研究方法论》《亦云集》《中国货币政策区域化调控研究》和《寻找适合自己耕耘的土地》六本著作，并有幸见证了后两本著作从构思、修改到完成、出版的全过程，这六本著作不分伯仲，既包含恩师从教三十余年对货币政策领域的思考，又包含恩师从教三十余年对教书育人等方面的感悟，其中的很多版块，均发表在《当代经济科学》《经济学家》《财贸经济》《数量经济技术经济研究》等权威期刊上，为后辈树立了优秀的学习榜样。不仅如此，恩师还善于金针度人，既能敏锐地发现有价值的学术问题，又给予我悉心的指导和严格的要求，将我领进了货币政策领域科研和实践的大门。我学术道路上的每一篇文章，崔老师都以其高屋建瓴的思想从更高的层面提出要求，引导我不断完善；同时，崔老师也深入文章的每个细节，如框架结构、行文语言、标点符号等方面反复推敲，正是这些认真、细致入微的批改，引领着我研究中的每一次进步。作为恩师，崔老师还给我提供了大量实践机会，带领我参与了国家级课题的申报、撰写和专著编排等工作，使我从一个对科研懵懵懂懂的无知成长为对学术研究略知一二的年轻学生。

虽然崔老师严格地将日常交流界定在学术范围内，但在生活中，恩师更像一位慈祥的父亲，关爱着我和师门其他学生的成长。恩师不仅教诲我们要目光长远、胸怀大志，培养正确的人生观、价值观，而且告诫我们要主动去迎接挫折和磨炼，挑战自我，提高自我。恩师的"乔木理论"：不媚俗、不攀附、唯真理至上，包藏着自尊、自爱、自强、自信的高贵品质，也是恩师追求纯粹人格的真实写照。崔老师对我的恩情，山高海深。恩师的指导、训练、告诫、关爱都是我人生中的宝贵财富，今后这些财富将支撑我不断提升、不断成长、一路向前！除感谢崔老师以外，还要感谢师母牛亚亚老师在日常生活中对我的关怀和照顾。

西安交通大学是名师云集之地，在这里我有幸先后聆听了冯根福教授、孙早教授、温军教授、王晓芳教授、沈悦教授、杨秀云教授、张成虎教授、李富有教授、李琪教授、余力教授、冯涛教授、严明义教授、仲伟周教授、张帆教授等恩师的授课与教诲，从他们那里我不仅获得了新知，而且领略了许多"传道、授业、解惑"的治学方法，他们严谨的治学态度、渊博的学识和高尚的品格是我今后人生道路上的学习的榜样。在博士生活中，我还有幸结识了许多志同道合的朋友，他们分别是：郭春良、韩川、殷猛、赵科翔、郝维亚、张凡、郭玉晶、刘希章、陈恒、吴国平、张跃胜、张金灿、任晓静等，大家在一起相互学习，相互帮助，相互促进，分享科研和生活中的心得体会，有了他们的陪伴，生活总是美好的。感谢李锐、张冬阳、岳彩军、朱函语、张佩瑶、梁莎莎、刘戍梅、张盼盼、张林飞等同门师兄弟（姐妹）的帮助，在此由衷地祝福他们学业有成。感谢我的硕士研究生导师郭立宏教授。自我硕士阶段，郭老师就在学习和学术研究方面给予我细心指导。郭老师敏锐的思维、开阔的视野、严谨扎实的治学态度、积极乐观的生活态度、平易近人的工作作风以及对学生无微不至的关心与爱护使我受益匪浅。

感谢南京信息工程大学管理工程学院巩在武教授、刘军教授、张慧明教授、曹广喜教授、曹玲教授、唐德才教授、于小兵副教授、程中华副教授、储小俊副教授、李晓庆副教授、鲁训法老师、石怀龙老师、张旭老师等领导和同仁对我学习、工作的理解和支持。感谢南京财经大学财政与税务学院汪卢俊副教授、中国人民银行南京分行谢珊副研究员、中信银行西安分行赵越副行长、中信信托西安分部中级经济师宋玺和秦农银行发展规划部罗新刚副研究员的精神鼓励和思想交流。

深深地感谢我的家人，他们一直挂念我的学业，坚定地站在我的身后，默默无私地支持和鼓励着我，使我能够安心完成学业。虽三十而立，却一直不能尽一份孝心，分担一份责任，我很惭愧，谢谢他们的理解和体谅。感谢我的爱人刘志红，谢谢她一路走来对我的理解、支持、鼓励和奉献，她是我人生道路上的良师益友和奋斗源泉，因为他们，才是我生活的意义！

本书获得江苏省社会科学基金青年项目（18EYC002）、江苏省高校哲学社会科学基金项目（2018SJA0149）、南京信息工程大学人才引进科研启动基金

（2018r083）和国家自然科学基金青年基金项目（71803076）的资助，此，对江苏省哲学社会科学规划办公室、南京信息工程大学和国家自然科学基金委表达衷心的感谢！

本书得以顺利出版，当然还要感谢中国金融出版社对本书的大力支持，特别是肖丽敏编辑为本书的编校付出的辛勤劳动。

王利辉

2019 年 11 月 20 日